水利行业

QC 小组基础教材

中 国 水 利 工 程 协 会
中国水利电力质量管理协会水利分会 编著

光明日报出版社

图书在版编目(CIP)数据

QC 小组基础教材 / 中国水利工程协会，中国水利电力质量管理协会水利分会编著. 一北京：光明日报出版社，2012.11

ISBN 978-7-5112-3469-8

I.①Q⋯ II.①中⋯ ②中⋯ III.①企业管理-质量管理-教材 IV.①F273.2

中国版本图书馆 CIP 数据核字（2012）第 260723 号

水利行业 **QC 小组基础教材**

著 者：中国水利工程协会 中国水利电力质量管理协会水利分会	
出 版 人：朱 庆	**终 审 人**：孙献涛
责任编辑：曹 杨 刘景峰	**责任校对**：郭京平
封面设计：京 瑞	**责任印制**：曹 诤

出版发行：光明日报出版社

地 址：北京市东城区珠市口东大街 5 号，100062

电 话：010-67078258（咨询），67078870（发行），67078235（邮购）

传 真：010-67078227，67078255

网 址：http://book.gmw.cn

E - mail：gmcbs@gmw.cn caoyang@gmw.cn

法律顾问：北京市洪范广住律师事务所徐波律师

印 刷：北京市登峰印刷厂

装 订：北京市登峰印刷厂

本书如有破损、缺页、装订错误，请与本社联系调换

开 本：850×1168 1/32

字 数：235 千字   **印 张**：8.75

版 次：2012 年 11 月第 1 版   **印 次**：2012 年 11 月第 1 次印刷

书 号：ISBN 978-7-5112-3469-8

定 价：38.00 元

内 容 提 要

本书共八章。内容包括：质量管理和 QC 小组概述；QC 小组的组建；QC 小组的活动；QC 小组活动的成果；QC 小组活动成果的评审与激励；统计方法；QC 小组诊断师的要求及注册；相关管理知识简介。文后并附有水利行业 QC 小组活动的相关管理规定及活动案例。

本书是针对水利行业 QC 小组编写的，也可供其他行业参考。

《水利行业 QC 小组基础教材》

编审委员会

前　言

　　质量管理小组（QC 小组）从 20 世纪 70 年代末开始在我国发展起来的，至今已经走过了 30 多年的历程。作为一项群众参与质量管理活动的有效方式，经历了从无到有、从点到面的发展过程，成为我国开展时间最长、覆盖领域最广、参与人数最多、取得效益最显著的质量管理改进活动。随着我国 QC 小组活动的迅速发展，水利行业 QC 小组活动也随之发展壮大起来。多年来，中国水利电力质量管理协会水利分会坚持倡导员工积极参与企业管理、质量改进和创新；坚持开展群众性质量管理活动，普及推广先进质量管理理念和方法，有效地推动了水利行业 QC 小组活动的深入开展。2012 年，水利分会结合行业实际，制定了《水利行业质量管理小组活动管理办法》及《水利行业质量管理小组成果评审细则》，进一步规范了 QC 小组评审活动。

　　为继续推进水利行业 QC 小组活动，充分发挥广大水利工作者参与质量创新的积极性和创造性，进一步普及群众性的 QC 小组活动自觉、扎实、健康地开展，培养具有理论知识和实践指导能力的 QC 小组活动诊断师人才，不断提升小组活动和管理水平，中国水利工程协会、中国水利电力质量管理协会水利分会联合组织编写了这本《水利行业 QC 小组基础教材》。此书可作为水利单位质量管理知识普及、QC 小组活动基础教育和 QC 小组活动诊断师的培训教材，也可供工程技术人员在实际工作中参考使用。

　　本书在编写过程中得到了编审人员所在单位的大力支持和帮助，在此谨向长江勘测规划设计研究有限责任公司、黄河勘测规划设计有限公司、汉江水利水电（集团）有限责任公司、浙江省第一水电建设集团股份有限公司、浙江省围海建设集团股份有限公司、浙江聚浩水利工程有限公司表示衷心感谢！同时要特别鸣谢在本书编写过程中给予大力支持并提出重要指导意见的中国水利工程协会副会长安中仁、水利部建设与管理司原司长刘松深两位领导专家！

由于编者水平有限，书中有考虑不周之处，敬请大家指正。在使用中有何意见，请告知编者。

中国水利工程协会

中国水利电力质量管理协会水利分会

2012 年 11 月

目　录

第一章　质量管理和 QC 小组概述

本章中重点介绍质量管理的概念及其发展,QC 小组的概念、性质、特点、作用与发展,以及水利行业 QC 小组活动的发展现状。

第一节　质量管理及其发展

一、质量概念

在 GB/T 19000—2008《质量管理体系基础和术语》中,质量被定义为"一组固有特性满足要求的程度"。质量意味着能够满足顾客的需要从而使顾客满意的那些产品特征,同时也意味着免于不良——没有那些需要重复工作(返工)或会导致现场失效、顾客不满、顾客投诉等的差错。

加快经济发展,质量是关键。当前社会发展对质量管理的要求已经不仅仅局限于生产制造业,同时渗透到社会活动的各个方面。世界著名质量管理专家、美国的朱兰博士曾提出"质量适用性"。他强调质量不仅从标准的角度出发,还要看满足顾客要求的程度。这使得对质量程度的要求也从"符合性质量",发展到"适用性质量",进而到"顾客和其他相关方综合满意的质量"。这是一个质量由"小"到"大"的演进过程。所谓大质量概念是指包括范畴、组织、过程和结果、系统、特性(固有特性和赋予特性)等重要基本面的运行质量,今天"大质量"的概念已广为人们所接受。

二、质量管理的发展

为了获得质量,朱兰博士提出了质量活动的三部曲:质量计划、质量控制、质量改进。这也同我们今天 ISO 标准化组织提出的 PD-CA(策划、实施、检查、改进)如出一辙。回顾质量管理的发展历程,大致可以分为以下三个阶段。

1. 质量检验阶段

在第二次世界大战以前,产品质量控制手段仅限于质量检验。按照产品要求严格把关,这种做法只是从成品中挑出废、次品,而无法防止废、次品的产生。实质上是一种"事后把关"的质量控制。

2. 统计质量控制阶段

从第二次世界大战开始至 20 世纪 50 年代末期,针对军需品生产控制要求,美国政府组织专家制定战时质量控制标准。以贝尔实验室的统计学家 W. A. 休哈特提出的控制图为依据,运用数理统计中的正态分布 6σ 方法来预防和减少不合格品的产生。以 H. F. 道奇、H. G. 罗米格的科学抽样检验,来提高抽样检验的准确度。广泛深入地应用了统计技术和统计的检验方法。

3. 全面质量管理阶段

从 20 世纪 50 年代末 60 年代初开始,由于生产力迅速发展,科学技术日新月异,市场竞争加剧以及管理理论的发展,对质量管理也提出了一系列新的要求。美国通用电气公司的质量经理菲根堡姆于 1961 年出版了《全面质量管理》一书,首先提出了全面质量管理的概念。他指出:"全面质量管理是为了能够在最经济的水平上,并考虑到充分满足用户要求的条件下进行市场研究、设计、生产和服务,把组织各部门的研制质量、维持质量和提高质量的活动构成一个有效体系"。

第二节　QC 小组概述

一、QC 小组的概念

QC 小组是"在生产或工作岗位上从事各种劳动的员工,围绕企业的经营战略、方针目标和现场存在的问题,以改进质量、降低消耗、提高人的素质和经济效益为目的组织起来,运用质量管理的理论和方法开展活动的小组"。这是1997年3月20日由国家经贸委、财政部、中国科协、中华全国总工会、共青团中央、中国质量协会联合颁发的《关于推进企业质量管理小组活动意见》中明确指出的,其中包含了以下四层含义:

（1）QC小组活动需要全员参与,不管是一般员工还是领导者,都可以组成QC小组。

（2）QC小组活动选择课题广泛,围绕着企业的经营战略、方针目标和现场存在的问题来选题。

（3）小组活动的目的是提高人的素质,发挥人的积极性和创造性,改进质量、降低消耗、提高效益。

（4）小组活动强调运用理论、工具和方法开展活动,突出其科学性。

二、QC小组的性质

QC小组是员工参加群众性、科学性质量管理活动的一种有效的组织形式,也是员工参加管理活动、实现个人价值、提高综合素质的有效途径。QC小组与行政班组的主要不同点在于以下几点:

（1）组织原则不同。行政班组一般是组织根据专业分工与合作的要求建立的基层行政组织;QC小组是根据活动课题范围,自由组建的非行政组织。

（2）活动目的不同。行政班组要完成上级下达的各项任务;而QC小组则以提高人的素质、改进质量、降低消耗、提高效益为目的开展活动。

（3）活动方式不同。行政班组的日常活动,通常是在本班组内进行的;而QC小组可以在行政班组内,也可以跨班组,甚至跨部门来开展活动。

（4）解决问题方法不同。行政班组中传统的技术革新小组解决技术问题侧重于用专业技术攻关。而 QC 小组在活动中侧重运用 PDCA 的理论和方法,通过科学的活动程序用数据和统计技术反应事实,采用多样化的方法来解决身边的各种技术、管理问题。

(5)活动结果不同。行政班组的主要任务是完成组织下的的各项任务,以经济目标为主。QC 小组活动有利于人员素质的提高,活动关注经济效益和社会效益。

三、QC 小组特点

QC 小组活动是从解决发现问题开始,用科学的质量管理理论和方法,改进质量降低消耗提高人的素质和经济效益。从活动的实践来看,QC 小组具有以下几个主要特点:

(1)明显的自主性。QC 小组是员工自愿参加的,实行自主管理,充分发挥小组成员的聪明才智和积极性、创造性,提高自身的综合素质与能力。

(2)广泛的群众性。QC 小组是全员参与的质量管理活动,不仅包括各级领导、管理和技术人员的参与,而且更注重一线员工的参加。通过活动提高参与者的质量意识、问题意识、改进意识和参与意识。

(3)高度的民主性。QC 小组充分发扬民主,组长由组员民主推选产生,小组成员可轮流担任课题组长以培养和发现管理人才。成员之间相互是平等的,讨论问题要集思广益、相互协助,确保小组活动目标实现。

(4)严密的科学性。QC 小组活动必须严格遵循 PDCA 程序,步步深入地分析问题、解决问题。在小组活动中要用数据和事实说话,用科学的统计方法来分析原因、解决问题。

四、QC 小组的宗旨

QC 小组活动的宗旨就是运用全面质量管理的理论和方法,科学地解决实际质量问题,发挥员工无限的潜力,进行富有创造性的改善活动。可以概括为以下三个方面：

（1）提高员工素质，激发员工的积极性和创造性。运用科学的程序与方法，相互帮助解决问题，激发出巨大的积极性和创造性。这样，企业才能充满活力，呈现出生机勃勃的局面。

（2）改进质量，降低消耗，提高经济效益。通过积极开展 QC 小组活动，不断改进产品质量、工作质量、服务质量，就不单是关系个人利益的行为，而是一件具有关系企业兴衰重大意义的工作。

（3）建立文明的、心情舒畅的生产、服务、工作现场。通过开展 QC 小组活动，实现现场的 5S 管理，现场的标准化、行迹化、精细化管理，建立一个文明的、心情舒畅的、尊重人性的良好的工作氛围，使员工感到心情舒畅，从而有助于产生向心力与归属感。

在以上三条宗旨中，关键的一条是提高员工的素质，激发员工的积极性和创造性。同时这三条宗旨又是相辅相成的，缺一不可。

五、QC 小组活动的作用

（1）QC 小组活动的作用可以归纳为以下几个方面：

1）有利于开发智力资源，发掘人的潜能，提高人的素质。

2）有利于对质量问题的预防和改进。

3）有利于实现全员参与管理。

4）有利于改善人与人之间的关系，增强员工的团结协作精神。

5）有利于改善和加强管理工作，提高管理水平。

6）有助于提高员工的科学思维能力、组织协调能力、分析与解决问题的能力，从而使员工岗位成才。

7）有利于提高顾客的满意程度。

（2）参加 QC 小组活动，可以给小组成员带来如下好处：

1）与同事相互切磋，共同学习，使自己得到不断的充实与成长。

2）大家一起开动脑筋想办法，将自己的潜能在活动中得以发掘和实现，从中建立更多自信。

3）获得领导和同事的认可、赞赏和尊重。

4)培养现场自我管理的能力,自主自发地开展工作。

5)提高自身的综合素质。

6)与大家一起建立文明愉快的现场,使自己工作的现场变得更加完善。

7)使每个人的自我价值得以充分的发挥和实现。

第三节 QC小组的产生与发展

一、国际QC小组的发展动向及活动

目前世界各国QC小组活动的发展更加注重以下四个方面:

(1)更加注重提高人员素质。经济的飞速发展,核心竞争力之一就是人。通过QC小组活动,提高员工的科学思维能力,分析问题、解决问题能力。近几年中国、日本、新加坡、印度等国家将"人的素质提升"作为推进QC小组活动的首要任务,不断加大相关培训力度,培养骨干,建立诊断师队伍等。

(2)更加注重以人为本。当今世界已进入"人是管理核心"的年代。国际上QC小组活动以尊重人、相信人为管理的基础。让小组成员在活动中实现从"自我完成"到"自身提高"的转变。

(3)更加注重工具方法的有效应用。正确灵活的运用统计工具分析问题、解决问题,是有效开展QC小组活动的保障。近年来,各国QC小组活动更加注重结合课题的不同阶段,选择适宜的工具方法,更加注重方法应用的有效性。

(4)更加拓宽活动领域。世界各国QC小组活动逐步向多行业和全社会发展。不仅在工业制造、工程设计和施工、交通运输、邮电通信、农林、养殖、商业服务、旅游、金融、医疗卫生等行业普遍开展起来,而且在一些政府部门、社区、学校、军队也开展了QC小组活动。

1962年质量管理小组活动在日本诞生。通过小组运用质量管理理论和方法科学地开展活动，提高了人员素质，实现了质量问题的预防和改进，受到众多企业的重视与欢迎，逐步成为全面质量管理的一个重要支柱。随后，80多个国家和地区也开展了这一活动，随着经济的发展，质量的含义不断完善，QC小组活动的内容也更加广泛、更加丰富。QC小组活动已受到世界的关注，到目前为止，全世界已经有87个国家和地区开展了QC小组活动，其中包括美国、俄罗斯和东欧的发达国家，也包括东南亚和非洲的发展中国家。

国际QC小组活动以年会的方式进行，每年召开一次成果交流会，参加国际QC小组成果交流会的代表高兴的把大会称做"质量奥运会"。国际会议每次的参加人数控制在2000人左右。我国于1997年和2007年已成功举办过两届国际QC成果发表交流会，QC小组的生命力不可估量。

二、我国QC小组的活动概况

QC小组是我国多年来开展的群众参加管理的经验（"两参一改三结合"：干部参加劳动，工人参加管理；改革不合理的规章制度；领导干部、技术人员和工人三结合），同国外先进的科学管理方法相结合的产物。我们保留了传统管理中科学合理的部分，并将它融合全面质量管理，认真贯彻"以我为主、博采众长、融合提炼、自成一家"的方针，逐步走出了中国自主的QC小组活动之路。1978年9月，北京内燃机总厂在学习日本的全面质量管理经验的基础上，诞生了我国第一个QC小组，并于当年12月，召开了该厂第一次QC小组成果发表会。随着全面质量管理的深入开展，QC小组活动逐步扩展到电子、化工、基建等部门，从而把我国群众性质量管理活动推进到一个新的阶段。

我国从1978年开始推行全面质量管理和开展QC小组活动，至今已经走过了既艰辛又不断发展并取得丰硕成果的30多年。

1980—2010年全国累计注册的QC小组3101万个。累计为企业直接创造可计算的经济效益6563亿元。经过质量管理推进组织者的共同努力,我国QC小组活动取得了显著的成果,从发展的历程来看,我国QC小组活动的发展可以分为四个阶段。

1. 试点阶段

该阶段的时间是1978—1979年。主要标志是以北京内燃机总厂为代表的一批试点企业,邀请日本质量管理专家讲学,同时国内一批专家、学者也致力于介绍和传播国外全面质量管理的科学知识。

1979年8月召开了全国第一次QC小组代表会议,表彰了第一批全国优秀QC小组。

2. 推广阶段

该阶段的时间是1980—1985年。1980年3月,在试点阶段取得成效的基础上,国家经济贸易委员会颁发了《工业企业全面质量管理暂行办法》,对QC小组活动提出了基本要求。这是QC小组活动走向经常化和制度化的开始。

1983年国务院领导亲切接见了全国第五次QC小组代表会议的全体代表,并发表了重要讲话,明确指出加强全面质量管理,开展QC小组活动,对提高质量、降低消耗、提高企业素质有很重要的作用。

1983年12月2日国家经委根据国务院领导讲话精神,制定颁发了《QC小组暂行条例》,为QC小组的发展指明了正确的方向。

3. 发展阶段

该阶段的时间是1986—1997年。党的第十三次全国代表大会把质量问题提高到经济发展的战略和反映民族素质的高度,要求各部门、各企业和全体社会成员,都要为不断提高产品质量而努力。

1986年国家经贸委决定"七五"期间全国大中型骨干企业都要有计划、有步骤地推行全面质量管理,为全国8200个大中型骨干企业积极开展QC小组活动创造了有利条件。

1987 年 8 月,在总结前 9 年开展 QC 小组活动经验的基础上,由国家经贸委、财政部等 5 个单位联合颁发了《QC 小组活动管理办法》。

1997 年 8 月国家经贸委、财政部、中国科协、全国总工会、共青团中央、中国质协联合颁发了《关于推进企业质量管理小组活动的意见》。

全国第十三次 QC 小组代表会议向全国提出了 QC 小组活动应遵循"小、实、活、新"原则,倡导 QC 小组活动讲求实效,不盲目求大,为 QC 小组在一线员工中的广泛开展,在各领域的推进给予了正确的引导。

4. 深化阶段

1998 年至今,是 QC 小组活动的深化阶段,主要活动如下:

2001 年开始组织全面质量管理基础知识普及教育,在各省区、行业的积极组织下,已有近百万人参加培训,近 70 万人通过了考试。

2003 年中国质量协会组织专家编著了《QC 小组指南》和《质量管理小组基础教材》,教材于 2004 年、2008 年、2011 年进行三次修订,现定名为《质量管理小组基础教材》。

2008 年开始形成由全国中华总工会、全国妇联、共青团中央、中国科协、中国质量协会共同推进 QC 小组活动的局面。

2009 年中国质量协会建立了全国 QC 小组诊断师注册制度。设立了初级、中级、高级三个诊断师注册级别,制定了《全国质量管理小组活动诊断师注册管理办法》、培训考试、考核大纲等。2009 年开始了首批注册,得到了各省区、行业、企业的积极响应和踊跃参与。在企业、质协系统共同努力下,建立企业、行业、地方、全国梯级诊断师队伍,促进全国 QC 小组活动的有效开展。

"创新型"课题 QC 小组活动的推进。借鉴日本"课题达成型" QC 小组活动思路,2000 年中国质协结合我国 QC 小组活动实际,下发了《关于试点开展"创新型"课题 QC 小组活动的建议》,明确"创新型"是一种新的课题类型,中国质协于 2002 年正式下发《关于开展"创新型"课题 QC 小组活动的意见》。2006 年进一步提出《开展"创新型"课题 QC 小组活动实施指导意见》,使得"创新型"课题 QC 小组活动在我国得到了健康、有序的发展,并取得了显著的成效。

加强对外交流,与国际接轨。1997 年 8 月 30 日至 9 月 1 日首次在北京召开了国际质量管理小组大会(ICQCC)。时隔 10 年,2007 年 10 月 25—26 日,中国质量协会再次在北京成功主办了国际质量管理 QC 小组大会,通过主办国际 QC 小组大会,既让世界各国认识了中国,也让中国更深入地了解了世界,对进一步提高我国 QC 小组活动水平,具有里程碑意义。

三、水利行业 QC 小组的建立与发展

1. 水利行业 QC 小组活动概况

随着 1978 年我国开始推行全面质量管理和 QC 小组活动,如今已如星火燎原,蓬勃地发展起来。我国水利行业 QC 小组活动也随之逐步发展并壮大起来。多年来,中国水利电力质量管理协会水利分会(以下简称水利质协)始终坚持倡导质量改进和创新,坚持开展群众性质量管理活动,普及推广先进质量管理理念和方法。完善了 QC 小组活动制度,建立了 QC 小组活动和交流的平台,培养了大批的 QC 小组骨干力量,形成了一支优秀的诊断师团队,有效地推动了水利行业 QC 小组活动的开展。

2. 建立和完善 QC 小组活动制度建设

水利部领导对开展质量管理小组活动十分重视,1997 年根据国家经济贸易委员会、财政部、中国科学技术协会、中华全国总工会、共青团中央委员会、中国质量管理协会等六部门联合印发《关于推进企业质量管理小组活动意见的通知》(国经贸[1997]147 号)的精神,水利质协受水利部经济局的委托,负责起草并印发了《水利系统质量管理小组活动管理办法的通知》(水经济[1997]469 号),其下发后对推动水利行业开展群众性的质量管理小组活动起了积极的作

用,有利于提高工程质量、产品质量和服务质量的水平。1997 年还转发了中国质协工作委员会印发《质量管理小组活动成果评审标准》的通知(全质办字[1997]1 号)。对水利行业开展群众性的质量管理小组活动,起到了积极推动作用。

2011 年,为了更好地指导信得过班组建设、规范信得过班组的管理,制定了《质量信得过班组建设管理办法》和《开展质量信得过班组活动实施指导意见》;为适应水利行业全面推进跨越式发展的需要,提升水利行业管理水平,应用质量工具方法,把问题点作为改进点,把改进点作为创新点,使创新点成为活动的增值点。根据2011 年工信部、国资委、国家质检总局等七部委联合下发《关于在工业企业深化推广先进质量管理方法的若干意见》(工信部联科[2011]337 号)的文件精神,结合水利行业的实际情况,修编了《水利行业质量管理小组活动管理办法》,建立了《水利行业质量管理成果评审细则》,进一步规范了评审活动,有效地推动了水利行业 QC 小组活动的深入开展。

3. 积极培养质量管理人才和骨干力量

多年来,水利质协都十分重视质量教育工作,采用多种形式,坚持不懈地开展质量知识普及教育,通过培训、考试、交流等手段,不断地树立质量意识和创新意识。在工作中利用 PDCA 的方法解决问题,使广大员工既掌握质量管理理论,又提高了综合素质和创新能力。水利质协自 1999 年起,据不完全统计培养 QC 小组活动诊断师近 500 人、QC 小组骨干 3000 余人,这支高素质的队伍为推动水利行业 QC 小组活动的开展发挥了巨大的作用。

4. 建立 QC 小组诊断师制度

2012 年,为加强水利行业质量管理小组活动诊断师队伍建设,开始实施 QC 小组诊断师注册制度,并制定了《水利行业质量管理小组活动诊断师注册管理办法》。制度的建立,有利于规范管理培养具有理论知识和实践能力的各级质量管理小组活动诊断师人才,科学有效地对质量管理小组活动进行咨询、指导和评价。水利行业质量管理小组活动诊断师注册设立初级诊断师、中级诊断师、高级诊断师三个级别。并分别制定了相应的《水利行业质量管理小组活动诊断师培训考试大纲》。截至 2012 年 5 月，已有 115 人取得水利行业初级注册诊断师资格。

初级诊断师可以在本单位开展 QC 小组活动中予以指导，或作为担任本单位评委的条件之一，推动基层质量管理小组工作的开展。成绩优秀的初级诊断师经本单位推荐和水利质协的批准，可以担任水利行业 QC 小组发布会的见习评委。3 次合格的见习评委经历也是取得中级诊断师的必要条件之一。见习评委制度的建立可以进一步锻炼现场评审能力，为新老评委的交替提供交流的平台。

中级诊断师是担任水利行业 QC 成果发布会评委条件之一，每年由水利质协择优聘任。他们也是水利行业 QC 小组活动的中坚力量，肩负着推动行业及本单位质量管理小组活动的重任。

高级诊断师应能够担当水利行业 QC 成果发布会评审组组长的全部职责，并能胜任 QC 小组诊断师的培训工作，可以指导此项活动有效地开展。

5. 开展交流活动，促进整体水平提高

多年来，经过质量管理小组活动的专家、领导、推进者和小组成员的共同努力，我国水利行业 QC 小组活动取得了显著的成果。

1997—2012 年，水利行业累计注册 QC 小组 36620 个，共命名水利行业优秀 QC 小组 659 个、水利行业信得过班组 89 个、水利行业 QC 小组活动优秀企事业单位 73 个、水利行业 QC 小组活动卓越领导者 68 人、水利行业 QC 小组活动优秀推进者 83 人。

各省市水利厅局领导对此项工作都十分重视，QC 小组工作在水利行业各单位得到了广泛的认可和好评。在活动中，长江勘测规划设计研究院有限责任公司、黄河勘测规划设计有限公司、汉江水利水电(集团)有限责任公司等许多单位，多年保持召开质量管理小组成果发布会，选送了大量的优秀 QC 成果进行参加发布，为提升水利行业的整体质量水平,做出了积极的贡献。

多年实践证明,QC 小组活动,在全面质量管理工作中,是最活跃、最有生气的一部分。通过开展 QC 小组活动,能更好地调动企业职工的积极性、创造性,充分发挥他们的聪明才智。在提高质量、降低消耗、提高企业经济效益和市场竞争力方面,起着十分重要的作用。

第二章　QC 小组的组建

QC 小组是群众自发的组织，是立志于质量改进的质量志愿者组建的团队，是群众自发的组织，也是感情的团队。QC 小组的团队和其他团队一样，都在恪守着团队的潜在规则。但是我们的 QC 小组是建立在企业中的团队，是正式组织领导下的非正式组织，组建要遵循一定的原则，一般按照"自愿参加，上下结合"与"实事求是，灵活多样"的原则进行组建。

本章重点介绍 QC 小组的组建原则、小组成员、组建程序及 QC 小组注册登记等内容。

第一节　QC 小组的组建原则

一、自愿参加，上下结合

我们这里所说的自愿，不是自生自长。QC 小组不是荒地的野草，无人播种任意生长，我们所讲的自愿包括两个含义：一是启发下的自愿；二是有领导的自愿。

如果在一个企业中没有 QC 小组活动的意识，就没有质量改进行为。企业领导就应当给员工灌输全员参与质量改进的思想，培养员工主人翁责任感，创立有质量意识的环境，让大家主动的参加到质量志愿者队伍中来。不要"强迫"、"摊派"，更不要"命令"、"诱惑"。我们相信马斯洛的层次需要论，自愿去做的事情，才可能做好，成员才有使命感、主动性、创造性和实现目标的动力。

组建 QC 小组的时候不要领导安排，推进者按照小组的愿望，把情投意合的质量志愿者组建在一起，只要是为了共同的小组目标，可以跨班组组建,也可以跨职能组建。在组建的时候,企业的推进者也应考虑上级的意见和推进的方式,要把领导的意图和小组的意愿紧密结合起来。

二、实事求是,灵活多样

由于企业的组织形式不同、规模不同、产品不同,所以 QC 小组的组建模式也不相同。我们必须要实事求是、灵活多样。不局限于一个企业一种模式,要避免一刀切的情况。

组建 QC 小组,必须"瓜熟蒂落"。不要"一哄而起,一哄而散"一阵风。当企业员工没有建立小组的愿望时,领导用物质诱惑或强制命令的方法建立 QC 小组,即使大家去做了,情绪也不高,也调动不了大家的积极性。必须是员工有建立 QC 小组的意愿,领导因势利导组建 QC 小组才有意义。

QC 小组的活动要灵活多样,不要只是"开会"一种活动方法,小组一起旅游、派对、聚餐也可以。只要大家在一起谈论着、思考着、关注着质量改进的课题,就是最好的小组活动。我们必须通过灵活多样的活动,让小组的成员对小组恋恋不舍,产生浓厚感情,才能吸引更多的人参加。

第二节　QC 小组的组成

一、组成人员

QC 小组是由一组 QC 志愿者组成,小组里有组长,也有组员,他们是为了共同的目标聚集到一起,他们是有组织的团体,小组长是小组的自然领导者,小组中的每个成员都要服从组长的领导,都要完成小组分配的工作。

QC 小组中没有挂名成员,没有指手画脚的旁观者,也没有光说不练的啦啦队,更没有凌驾在 QC 小组之上享受特权的瞎指挥。也就是说,小组的每个成员都有自己的工作要做,都在为实现小组的目标而努力。

二、QC 小组组长

QC 小组的组长在活动中起着重要的作用,是小组活动的核心人物。QC 小组的组长可以自荐担任,也可以由小组成员推举产生。组长就是小组的负责人,如果没有群众威信,不受大家的拥护,就不可能当好小组长。

1. 组长的基本要求

(1)热爱质量管理,对质量改进、对 QC 小组有浓厚的兴趣。

(2)有群众威信,有一定的组织能力。

(3)有较高的专业技术水平。

(4)有不斤斤计较个人的得失、自愿对小组做奉献的美德。

2. 组长的责任

组长有努力提高小组成员"四个意识"的责任:

(1)质量意识:时时想着质量、事事关心着质量。

(2)问题意识:对当前的状态永不满足,会发现很多需要改进的课题。

(3)改进意识:对不满意的地方进行改进,是企业永恒的追求。

(4)参与意识:对新知识感兴趣,愿意动手去做质量改进。

不断提高"四个意识",为小组的持续活动奠定基础,给小组带来活力。

3. 组长的管理方法

组长对小组的管理不是靠权力,也不是靠奖惩,应使用美国戴明博士倡导的 PDCA(计划、实施、检查、处置)科学的方法管理小组。科学管理小组的四个环节是:

(1)P:制定小组的活动计划。

(2)D:按计划组织小组的课题活动。

(3)C:检查小组活动的效果,进行自我评价。

（4）A：总结经验教训，改进工作，让小组的业绩螺旋上升。

虽然对小组长要求比较高，但这也是一个很好的锻炼和培养的机会，通过 QC 小组的活动，培养了小组长的组织能力、工作能力、总结能力、表达能力，全面地提高了素质。很多人通过在小组长位置的锻炼，提升到更重要的工作岗位去任职。

三、QC 小组组员

对小组成员的要求，就和对小组长的要求不同了，只要喜欢 QC 小组，热心质量改进活动，不受职务限制，自愿参加小组活动的人员，都可以当小组成员。

我们对小组成员的基本要求是：积极参加小组活动，完成小组长分配的任务；活动中，发挥自己的特长和才智，在活动中提高自己和锻炼自己；努力使自己成为"学习型个人"，多提一些小组发展的建设性意见，做小组的主人。

第三节　QC 小组的组建程序

小组必须有课题活动，没有课题小组也就不存在。因此，QC 小组的组建一般是第一个活动课题和小组同时诞生，基于这种组建要求组建 QC 小组有以下三种情况。

一、自下而上建立 QC 小组

班组内几个情投意合的人商量建立小组，向上级管理部门注册。同时，给小组起个恰当的"名字"激励小组的活动，如"降龙 QC 小组"、"萤火虫 QC 小组"、"启明星 QC 小组"、"海之韵 QC 小组"等这样的名称，即表明了小组的工作特点，又有小组的个性，名称喜闻乐见。

二、自上而下建立 QC 小组

自上而下的动力是来自小组的上级推进部门,一般有两种情况:

(1)QC 小组的推进部门,愿意在组织内部建立一个完整的 QC 小组工作网、建立永恒的质量改进机制,形成群众性的质量改进体系,要求管辖范围都建立 QC 小组。

(2)推进部门按照经营需要,在企业选定了有一定难度、QC 小组又能完成的项目,建立攻关 QC 小组。

三、上下结合建立 QC 小组

这是介于上述两种建立小组之间的一种方式。组织以"招贤榜的方式"把问题交给员工,希望有一个团队能挺身而出,揭榜招贤,解决质量通病、解决技术难点、解决生产或服务现场的问题。把领导和群众的意愿结合起来,建立以工人为主体、上级有要求、下级有意愿的 QC 小组。

第四节　QC 小组的注册登记

组织应建立 QC 小组注册登记制度,对拟开展活动的 QC 小组及课题进行登记和注册,以便进一步指导和管理。QC 小组的注册登记必须关注以下环节。

一、明确 QC 小组推进部门

为给质量志愿者一个合法的活动空间,为使 QC 小组活动开展得更好,各单位应明确 QC 小组活动的推进部门,为小组活动保驾护航,推进部门的主要责任如下:

(1)对小组进行激励性、保护性的管理。

(2)使本单位的 QC 小组活动健康推进,推波助澜。

二、QC 小组的注册登记

QC 小组成立后，小组应该到本组织的 QC 小组推进部门进行登记注册，得到批准。

(1)小组注册登记：QC 小组建立后进行小组注册登记，以后每年重新注册登记。

(2)课题注册登记：每个课题确定之后，进行课题注册登记。

(3)活动课题一般一年内可完成，如果当年课题活动不能完成，小组须向推进部门申请，提出课题延期或跨年请求。

(4)小组连续 6 个月停止课题活动，视为小组自动注销。

三、注册、登记制度的好处

(1)小组受到推进部门的关注，得到活动的指导和帮助。

(2)小组成员优先得到培训机会。

(3)小组可获得培训教材和信息。

(4)小组取得在企业 QC 成果发表会的发表权。

(5)小组在活动中获得必需的资金和技术支持。

第三章　QC 小组的活动

QC 小组活动是 QC 小组的生命,活动是维持生命的必要手段,小组不开展课题活动,小组就失去了存在的意义。所以我们说:"开展课题活动"是小组生命的力量之本。

在本章中将对小组活动的基本条件、过程方法、课题类型和各程序活动的要求作简单介绍。

第一节　QC 小组活动的基本条件

QC 小组在组织内的推进和发展,应该是"渗透性"推进、"扩散式"发展。

渗透性推进就是向组织内员工渗透质量管理的理论和方法,先让领导对小组活动感兴趣,一步一步地潜移默化,逐步向基层渗透。

扩散式发展就是采取星火燎原的方式,向组织边缘扩散。通过 QC 小组的成绩,让别人信服,心甘情愿地参加 QC 小组,发展质量志愿者的团队。

应注意的是组织推进和开展 QC 小组活动,不能操之过急,必须在瓜熟蒂落的时候,把群众组织起来,群众才能感兴趣。

一、领导对 QC 小组活动要做到思想重视和行动支持

领导认识到 QC 小组是质量改进活动的有效方式,认准的事就坚持到底,就在组织内广泛、持续地推进这项工作。

思想重视、行动支持一般应做好下述七个方面的工作:

(1)明确推进部门,指定 QC 小组推进负责人。

(2)批准 QC 小组推进计划。

（3）配置 QC 小组活动必需的资源。

（4）不定期地检查小组的活动情况。

（5）必要时，参与 QC 小组的课题活动，与小组拉近距离。

（6）重视小组的成果交流，激励小组的斗志。

（7）参加成果发表会，给优秀小组颁奖。

二、员工对 QC 小组活动要有认识和要求

员工可以从各种渠道了解 QC 小组、认识 QC 小组，逐步发展到有参与 QC 小组活动的要求。这种要求应该得到领导的支持和保护。

员工有开展小组活动的意愿，愿意成为质量改进的志愿者，这是 QC 小组活动的群众基础。

领导如何处理和群众的关系呢？我们认为：当群众不觉悟的时候，领导要发动群众，让群众觉悟；当群众发动起来的时候，领导要组织群众，建立队伍；当群众活动方向有偏离的时候，领导要引导群众为队伍导航；当群众努力奋斗的时候，要激励群众，做群众的好朋友。

三、组织应有一批 QC 小组活动的骨干

组织应培训一批质量管理小组的活动骨干或诊断师，这一批骨干或诊断师应该是"懂理论、会指导、能评价"的 QC 小组行家。

组织的 QC 小组活动没有推进者掌舵，没有懂 QC 的人来指导，小组活动就会出现自由状态，就会出现"每人一把号，各吹各的调"的自由主义。骨干和诊断师必须掌握 QC 理论，要具备当 QC 小组组长的素质。骨干和诊断师是"种子"，是"肥料"，也是"技师"，是组织开展 QC 小组活动不可缺少的中坚力量。

四、建立健全 QC 小组的规章制度

做任何事都应有规矩，没有规矩不成方圆，QC 小组活动的管理

也是如此,必须有管理制度来约束小组的行为。

值得注意的是:QC 小组是质量志愿者的队伍,参加 QC 小组是员工自愿的行为,所以,在我们的管理制度中,不应有对未参加 QC 小组的员工进行惩罚的内容。

建立的 QC 小组管理制度,至少包括:QC 小组注册登记制度、QC 小组活动程序导则、QC 小组成果规范化管理办法、QC 小组课题成果发表会制度和 QC 小组奖励办法等。

我们把需要统一的活动,以制度的方式作出规定,这样组织的 QC 小组才有章可循、有法可依,小组才能健康发展。

第二节　PDCA 的过程方法

一、QC 小组活动中管理技术的内涵

QC 小组活动中管理技术包括三个方面:

(1)应用科学的过程方法(PDCA 的方法)去解决问题。

(2)应用数据和事实进行正确决策。

(3)正确、适宜地使用统计方法,进行科学判断。

QC 小组特别关注改进过程,我们崇尚的是"少付出,大效果",是巧,不是笨,是科学思维,不是经验思维。QC 小组是让小组成员掌握科学的思考方法,是培养聪明人的学校,所以,我们认为活动的过程比活动的结果更重要。

曾经有一个小组代表说:"我们小组为完成某项产品开发改进,做了几百次试验,经过若干年的努力,终于找到了最佳参数,取得了丰硕成果,获得了科技进步奖。"可是,从 QC 小组成果评价的角度来评判,"产品改进结果是成功的;产品改进过程是愚蠢的"。

要使小组成员聪明起来,就是要学会管理技术:一是要学会科学的"过程方法",用 PDCA 的"过程方法"去管理过程,才会事半功倍。二是要学会正确的使用统计方法去帮助我们科学判断,我们才

会变"巧"。三要学会用数据和事实说话，才会不犯决策失误的错误。

QC 小组选择的"过程方法"是美国戴明博士提出的"PDCA"的方法。QC 小组把这种方法奉之为 QC 小组的"科学思维理论"，把他当做 QC 小组的"灵魂"。我们坚信按照这样的思考方法，就会事半功倍。养成使用这种思考方法的习惯，自己就会更加聪明。

二、PDCA 过程方法

1. 戴明环内容
P：计划(plan)；
D：实施(do)；
C：检查(check)；
A：处置(act)。

PDCA 是一个循环，必须按照这种循环的方式持续进行的，所以亦称为"戴明环"。

2. 戴明环图形表达
戴明环图形表达方式见图 3-1。

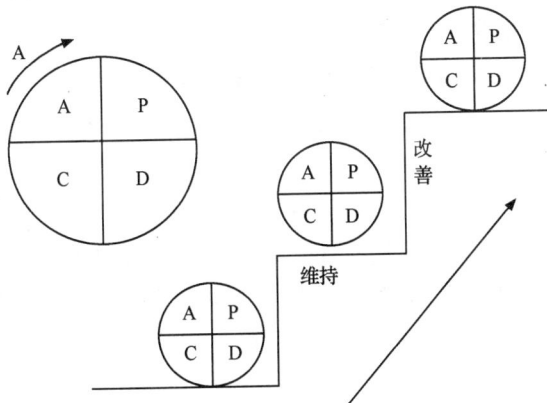

图 3-1　戴明环图形表达

3. 戴明环特点

戴明环有以下三个特点：

(1)按照顺时针的方向不停地旋转。

(2)每转一个循环，上一个台阶。

(3)大循环套小循环，互相制约、互相促进，形成综合循环体系。

有人说戴明环对于复杂的问题适用，对于简单的问题就不适用，是繁琐哲学。这种观点是不对的，对于简单的问题，只是戴明环运转的周期短一些；对于复杂的问题，戴明环运转的周期长一些；这里只有戴明环运转周期问题，不存在适用不适用的问题。

三、PDCA 方法在小组活动时的细化使用

1. QC 小组在使用戴明环时是细化使用的

我们把戴明环按照小组课题来源和课题目标的性质，细化为以下三个活动程序：

(1)"问题解决型"课题自选课题目标的活动程序，见图 3-2。

(2)"问题解决型"课题指令课题目标的活动程序，见图 3-3。

(3)"创新型"课题的活动程序，见图 3-4。

2. 三种细化程序的不同之处

(1)问题解决型课题的活动程序都是 10 个步骤：1～6 步骤是计划(P)；7 步骤是实施(D)；8 步骤是检查(C)；9～10 步骤是处置(A)。

(2)创新型课题的活动程序是 8 个步骤：1～4 步骤是计划(P)；5 步骤是实施(D)；6 步骤是检查(C)；7～8 步骤是处置(A)。

"问题解决型"课题如果设定的目标是自选的，必须有"现状调查"步骤，没有"目标可行性分析"步骤。

"问题解决型"课题如果设定的目标是指令性的，必须有"目标可行性分析"步骤，就不用"现状调查"步骤。

"创新型课题"没有"现状调查"、"目标可行性分析"、"分析原

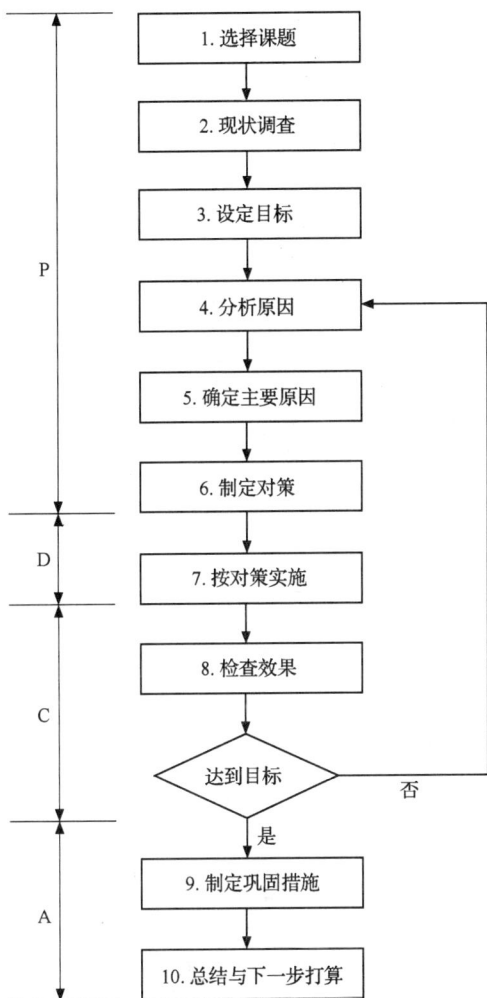

图 3-2 "问题解决型"自选课程目标的活动程序

因"、"确定主要原因"的步骤,但有"提出方案确定最佳方案"的
步骤。

```
         ┌─────────────────────┐
    ┌──  │    1. 选择课题        │
    │    └─────────────────────┘
    │              ↓
    │    ┌─────────────────────┐
    │    │    2. 设定目标        │
    │    └─────────────────────┘
    │              ↓
    │    ┌─────────────────────┐
    P    │   3. 目标可行性分析    │
    │    └─────────────────────┘
    │              ↓
    │    ┌─────────────────────┐
    │    │    4. 分析原因    ←───┐
    │    └─────────────────────┘ │
    │              ↓             │
    │    ┌─────────────────────┐ │
    │    │   5. 确定主要原因      │ │
    │    └─────────────────────┘ │
    │              ↓             │
    │    ┌─────────────────────┐ │
    └──  │    6. 制定对策        │ │
    ┌──  └─────────────────────┘ │
    D              ↓             │
    └──  ┌─────────────────────┐ │
    ┌──  │   7. 按对策实施       │ │
    │    └─────────────────────┘ │
    │              ↓             │
    │    ┌─────────────────────┐ │
    │    │    8. 检查效果        │ │
    C    └─────────────────────┘ │
    │              ↓             │
    │         ╱─────────╲         │
    │        ╱  达到目标  ╲───否───┘
    │        ╲           ╱
    │         ╲─────────╱
    └──            ↓ 是
    ┌──  ┌─────────────────────┐
    │    │   9. 制定巩固措施      │
    A    └─────────────────────┘
    │              ↓
    │    ┌─────────────────────┐
    └──  │  10. 总结和下一步打算   │
         └─────────────────────┘
```

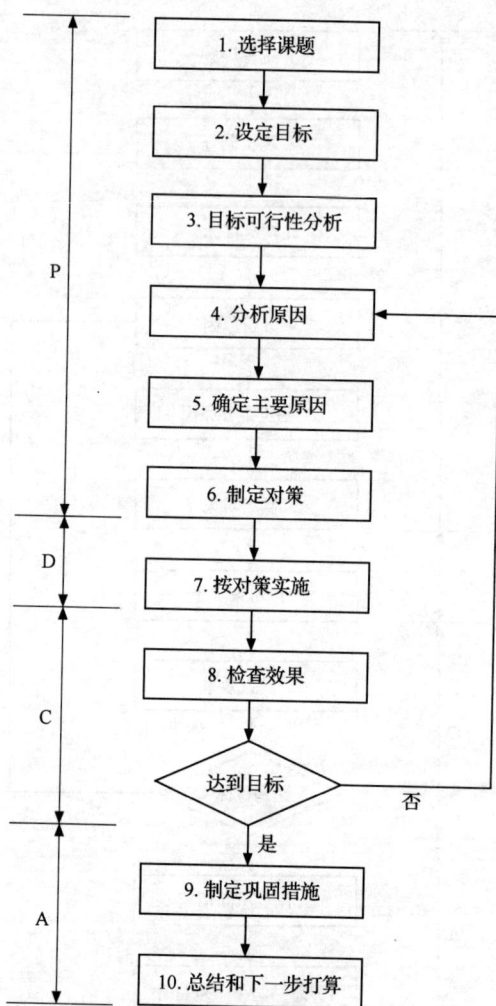

图 3-3 "问题解决型"指令课题目标的活动程序

"创新型课题"的处置阶段要有"标准化"步骤,问题解决型课题的处置阶段要有"制定巩固措施"步骤。

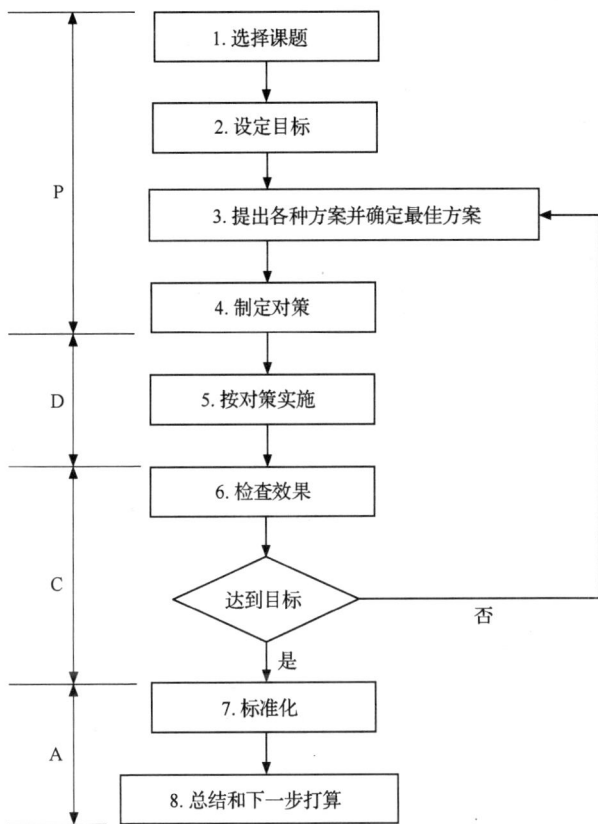

图 3-4 "创新型"课题的活动程序

第三节 QC 小组的课题类型

一、问题解决型

问题解决型课题分为四小类:现场型、服务型、管理型、攻关型。

1. 现场型课题

这类课题通常以稳定生产工序质量、改进产品质量、维持改进质量水平、降低消耗、改善生产环境为选题范围,课题较小,见效快。

2. 服务型课题

这类课题通常以推动服务工作标准化、程序化、科学化、提高服务质量和效益为选题范围,课题较小,活动时间不长,见效较快。

3. 管理型课题

这类课题通常以提高业务工作质量、解决管理中存在的问题、提高管理水平为选题范围,课题大小不一,难度不同,效果差别较大。

4. 攻关型课题

这类课题通常以解决技术关键问题为选题范围,课题难度大,活动周期长,需要投入较多的资源,经济效益显著。

二、创新型

创新型课题,只有1个小类:创新型。

这种类型的小组 QC 小组成员运用新的创新理念、思维方式、创新方法去挑战新的领域,开发新产品、新项目、新过程,实现预期目标的课题。

三、各种课题类型的主要区别

通过上述分类,课题类型共有两大类、五小类。QC 小组在整理成果报告书时,应在小组简介中明确课题类型。

现场型、服务型、管理型课题,设定的目标是瞄准历史最好水平或设计能力水平,是属于维持性改善。

攻关型课题,是把课题目标定在以前未达到的水平或超越设计能力的水平。是属于提高性改善。攻关的现场可以是服务现场,也可以是管理现场,也可以是生产现场。

创新型课题,是创新一个过去没有的产品、过程或项目,是用新的思维,创造更有魅力的质量。

第四节　QC小组活动中使用程序步骤的要求

QC小组活动中不同的课题类型采用不同的程序进行,这节介绍的是问题解决型课题和创新型课题三个活动程序的13个活动步骤。

问题解决型课题自选目标的活动步骤包括选择课题、现状调查、设定目标、分析原因、确定主要原因、制定对策、按对策实施、效果检查、制定巩固措施、总结和下一步打算(10个步骤)。

问题解决型课题指令性目标的活动步骤包括选择课题、设定目标、目标可行性分析、分析原因、确定主要原因、制定对策、按对策实施、效果检查、制定巩固措施、总结和下一步打算(10个步骤)。

创新型课题活动步骤包括选择课题、设定目标、提出各种方案并确定最佳方案、制定对策、按对策实施、确认效果、标准化、总结与今后打算(8个步骤)。

一、选择课题的要求

1. 课题背景陈述

课题背景介绍的目的是要说明选此课题的目的和必要性及存在的客观环境。课题背景要简明扼要,不要长篇大论。要说明理由,阐述本小组当前的实际情况与上级的方针目标要求或本部门要求存在的差距,用数据把这些事实表达出来就可以了。如果长篇大论的陈述与选择课题不相关的内容,一是喧宾夺主,二是占用了发表时间。

2. 课题名称的正确表达

课题名称要求一目了然地表达,让参加交流的小组直观地看到小组要做什么事情。好的课题名称表达应该讲清楚三件事:即对待、对象和具体问题。

例如:提高拦洪坝灌注桩交验一次合格率

我们把这个课题名称分为三段:

提高	拦洪坝灌注桩交验	一次合格率
如何对待	针对的对象	问题特性

又如:降低 SDH 产品接插件装配故障率:

降低	SDH 产品接插件	装配故障率
如何对待	针对的对象	问题特性

3. 课题名称不正确的表达

例如:"改进工法提高拦洪坝灌注桩交验一次合格率"

又如:"控制工具领用减少施工成本"

解析这两个课题:

改进工法	提高拦洪坝灌注桩交验一次合格率
控制工具领用	减少施工成本
手段	目的

这样的课题表达为什么不对呢？ 题目的前半部分是手段,后半部分是目的。显然,在选择课题的时候,就知道解决问题的手段,是思维程序的错位。这种思维方式大多数是经验思维。

"争取世纪大厦结构工程获得鲁班奖"

这样的课题表达为什么不对呢？ 小组把"争取"做课题立意,完成课题的不确定度太大。况且鲁班奖是赋与的质量特性,评选鲁班奖的名额有限,主动权不在小组。

"加强质量管理确保优质工程"

这样的课题表达为什么不对呢？ 这样的题目存在的不足之处很多,如:课题的表示是手段＋目的,题目没有针对性,题目的包容性太大,能覆盖很多课题。

"提高桥梁施工的质量控制"

这样的课题表达为什么不对呢？ 小组选择课题没有从存在的问题入手,而是把日常工作当课题。做好质量控制是项目部的责任,是岗位正常工作,不是改进项目,小组不要把正常工作当小组活动课题。小组的课题是针对存在的问题。

4. 课题类型的选择

施工企业中,可选择"施工通病"做攻关课题。可选择"样板工程"、"试点工程"的问题,做现场型课题。

5. 创新型课题的选题

创新型课题是创造更有魅力的质量,是创造一个新产品、过程或项目。创新一种新的东西,是为了解除 QC 小组身边的困惑而挑战新产品、过程和项目。

(1)创新型课题选题的要求:

1)创新型课题要突破现有产品(服务)、业务、方法的局限,运用全新的思维和创新的方法研制、开发新的产品、工具、或服务。

2)课题必须有新意,让别人感觉不是复制,不是抄袭,不是轻而易举,也不是贪大求洋。

3)创新是创造以前没有的东西。没有现状可调查也没有原因可分析。

4)QC 小组的创新型课题一般是选择我们身边的小课题,选择花钱不多能办大事的课题。

(2)创新型课题的立意。创新型课题名称在表述上,我们把"如何对待"称做课题的"立意"。

如:"研制电子客票高速识别系统"的创新课题,"研制"就是立意。这个课题告诉我们小组在创新一个电子客票的高速识别系统。

又如:"开发钢结构椭圆屋顶施工工艺"的创新课题,"开发"就是立意。这个课题告诉我们小组在创新一个钢结构椭圆屋顶的施工新工艺。

6. 课题选择常用的统计方法

创新型课题运用更多的是以非数据分析统计方法,如头脑风暴法、亲和图、系统图、PDPC 法、正交试验法等。

二、现状调查的要求

现状调查的目的是"掌握问题的严重程度"

在这阶段我们所做的调查都是围绕课题进行的。调查的目的是一定要找到问题的"症结",掌握问题的现在状态。

1. 进行现状调查的目的

深入地进行现状调查,一是为了把握问题的现状,掌握问题的严重程度,为小组制定课题目标提供依据;二是为了找出问题的症结(或关键点),选择改进的着眼点,从而设定目标值。

2. 现状调查的数据

现状调查使用的数据是现在的、现场的数据,我们必须用现在的、现场的数据来证实问题的严重程度。要注意的是问题现状和现场调查的时间段要保持一致。

如:小组把来自顾客的数据"客户索赔率 20%"作为选择课题的理由,现状调查就应该知道,现在生产过程的不合格率是多少,还应知道各工序的不合格率是多少,还应该调查不合格的缺陷类别、数量等。现状调查就是要掌握课题在生产现场的现实状态,就是对问题的深入调查。

有人说:现状调查的数据就是一个月内的数据,还有的人说:现状调查就是三个月以内的数据,这样界定是不合理的。"现状"不能用时间来界定,要用证实性来界定,要一事一议,能把问题搞清楚的事实和数据都可以。

如:医生对你的发烧情况进行现状调查,那就是要测量你现在的体温。昨天的都不行。

又如:医生对你的腿疼进行现状调查,你提供半年前的骨折影像也可以证明,你曾经受过伤。

施工行业有的小组用以前完成的工程数据做现状调查的数据,这不行,因为现在工程和以前的工程的人员不同、环境不同,要求也不一样,不能证实现在工程的状态。

那么,施工行业的现状数据是什么呢? 小组可以把本工程的样板段的数据、试点工程的数据、前半个工程的数据,做为现状调查的数据。能够证实现在症结的数据都可以作为现状调查的数据。

如：公路施工时已经确定了施工方案、确定了施工单位,让施工单位按照工法,做一段试点工程,把试点段的现在状态作为现状调查的内容就可以了,小组可以从中找出问题的症结。

又如：冬季施工混凝土养护有冻裂问题,夏季做现状调查就不行了,夏季做的试点段工程也不行,以前冬季施工的数据反而可以。

3. 现状调查的数据采集和分析

现状调查要从组织的统计报表中进行调查,到生产现场进行实地调查。现状调查的过程就是收集证实性数据的过程,总时间不宜太长,收集数据的时候,要注意客观性、可比性和时间性,重要的数据小组成员要亲自测量,提高数据的可信程度。现状调查的数据,需要进行分析,直到找到问题的症结为止。

4. 现状调查中常用的统计方法

该步骤带用的统计方法有调查表、分层法、简易图表、排列图、直方图、控制图、散布图等。

5. 现状调查中常发生的问题

(1)没有客观的收集数据,只收集对自己有利的数据而省略了其他数据。

(2)收集的数据没有可比性,无法证明采取的对策有效果。

(3)收集的数据不全面,不能完全反映问题的症结。

(4)对调查的数据进行分析不全面,或运用统计工具不合理。

(5)没有针对课题做现状调查,凭经验主观下结论。

三、设定目标的要求

1. 设定目标的目的

(1)设定目标就是确定小组要把问题解决到什么程度。

(2)小组要用课题目标来激励小组,让小组有自信心和使命感,自我寻找压力。

(3)有了目标就有了方向,有了阶段性的目的,小组活动就会有的放矢。

2. 设定目标的原则

(1)设定目标要与问题对应,针对本课题要解决的主要问题而设定。

(2)一般一个课题以一个目标为宜。如果出现两个以上的目标,可能的原因是课题偏大,这会使解决问题的过程复杂,造成逻辑混乱。

(3)目标要明确,用"量化的目标值"来表示。

3. 目标种类

按照目标来源分类,目标有指令课题目标和小组自选课题目标两种:

(1)指令课题目标:这类目标一般是由组织、领导或 QC 小组推进部门提出来的,这类目标一般是由于小组成员对自己的现场不满意而自主提出来的。大都是与企业方针、目标和顾客不满意有关的目标。

(2)小组自选课题目标:大都是与现场存在的问题有关的目标。

4. 设定目标的依据

小组设定目标要尽可能以事实为依据,用数据说话。设定目标通常要考虑的内容包括顾客的要求、解决问题的能力、历史上的水平和同行业先进的水平。在接受指令性目标,尤其在高于设计能力时,一定要作目标的可行性分析,为目标实现寻找依据,目标可行性分析要从目标的指令处得到技术、资金、信息、人员、经营策略等方面的支持,否则,单凭热情是不可能实现高于设计能力目标的。

5. 设定目标的水平

小组自选的目标是"通过小组努力可以实现的目标",要有挑战性。如果小组设定的课题目标是唾手可得的目标就没有什么意义了。如果小组设定的课题目标是经过努力,实现不了的目标,也会让小组失去信心,甚至怀疑 PDCA 的科学性,产生副作用。因此设定目标的水平要适度。

6. 设定目标中常用的统计方法

设定目标中常用的统计方法有简易图表和柱状图等。

7. 设定目标中常发生的问题

（1）设定过头的目标。设定目标不提倡"消灭"、"杜绝"、"100％"等没有余地的目标。追求的是质量的经济波动幅度合理性，是投入和产出相匹配的课题目标。

（2）设定"让人毛骨悚然"的目标。如：一个隧道施工安全 QC 小组，设定了今年"死亡人数 4 人"，这个目标和过去每年死亡 10 人比，下降了 60％，有挑战性，可是提出了死亡的数字，让人毛骨悚然不好接受，不如定为"隧道施工安全事故发生率 0.1％"，让别人听了好接受。

（3）设定不量化的目标。设定口号式的目标，对策实施后无法检查效果，无法确定目标是否实现。

（4）设定目标的数据不充分。仅凭热情制定目标，没有足够的数据对该目标是否能够实现做支撑。

四、目标可行性分析的要求

1. 适用的课题类型

这个步骤是问题解决型课题中，指令性目标值提出指令情况下的使用步骤。

为什么在自选目标值的情况下不使用此步骤，而在指令目标值提出指令情况下必须使用此步骤呢？

因为问题解决型课题自选目标是通过对现状调查而确定的，是小组通过努力能够实现的。这个目标一般是能恢复到设计能力水平或恢复历史的最好的水平，没必要进行可行性分析。如果进行目标可行性分析，就重复现状调查的内容，或是说一些"小组有决心"、"领导大力支持"等空话。

问题解决型指令目标值的情况下就不同了，这时的目标有可能超越历史最好状态或设计能力。目标可行性分析，是分析指令目标和小组努力能达到目标之间的差异,用什么办法来解决它,这才是可行性分析的要害处。

2. 目标可行性分析的内容

目标可行性分析一般从以下方面着眼,也就是说小组需要得到什么支持。如:小组得到委托人的技术、资金、信息、设备、等方面的援助,才有可能实现指令目标,如果得不到支持,就不可能实现指令目标。在分析的时候必须和指令人沟通,得到支持后,才能确认指令性目标值。

在分析问题的过程中,小组要根据目标要求对数据进行深入的调查,分层分析,方法类似于现状调查。

3. 目标可行性分析步骤中常发生的问题

(1)成果报告中同时出现目标可行性分析和现状调查两个内容。

(2)目标可行性分析中只有口号,缺少数据依据。

五、分析原因的要求

步骤是小组集思广益的过程,小组用头脑风暴法产生的观点,针对问题的症结,不脱离现场,把有可能造成结果的所有原因都想到。小组把分析的语言资料用恰当的统计方法去整理,绘制因果图、树图或关联图。

所谓头脑风暴是:头脑在稳定思维状态,受到突然撞击,产生了激荡,头脑产生了跳跃式、遐想式思维。我们称之为产生了头脑风暴。

在分析原因的时候,我们的头脑受到课题的撞击,产生了激荡,在有可能的原因范围内去遐想潜在原因。

1. 头脑风暴分析原因的深度和广度

小组在分析原因时,是使用"定向"头脑风暴产生观点,进行分析原因。所谓"定向"就是别胡思乱想,确定从什么地方着手去分析。我们这里所说的"定向"有四个含义:

(1)不脱离发生问题的现场去分析原因。

（2）分析的广度，应考虑过程要素，广义的内容包括"人、机、料、法、环、测"诸因素。

（3）分析时，小组要做到不争论、不反驳，畅所欲言，收集来自各种角度发出的信息。

（4）分析的深度，要使用追根寻源的思考方式，从原因类别朔源到能采取对策为止的末端原因。

2. 集思广益、发扬民主

分析原因要集思广益、发扬民主。

（1）问题原因可能来自各方面，观察问题也可能是不同的角度，所以我们进行分析原因时，不要争论、不要反驳，认真记录来自各方面的信息。

（2）每个人的观察事物都存在着局限性，客体的大小、事件的变化速度、主体和客体的相容性，都会使观察结果出现偏差。

（3）不要以为大多数人的看法就是真理，也可能大多数人都没看到，只有少数人看到了，这是完全有可能的事情。

（4）领导参加分析原因会时，他们提出的看法和小组其他成员一样，都要给予高度重视。不要把领导的意见当指示，也不要忽视小组普通成员的意见。

（5）分析原因时不要进入经验主义误区，带着固定眼光、带着感情色彩去分析原因。

3. 分析原因时 QC 小组长的作用

（1）小组长要组织分析原因会，亲自带领小组分析原因。

（2）小组长要引导小组成员畅所欲言，给大家发言的机会。

（3）当大家分析出现不同意见时，不要评论谁对谁错，把大家的不同意见记下来，再用事实或数据统计方法进行确认。

（4）分析原因会不要草草收场，对于复杂问题可能召开多次分析原因会。

4. 分析原因后语言资料的整理

语言资料整理要根据问题的复杂程度选择恰当的统计方法去

整理分析。推荐的整理语言资料的统计方法有因果图、树图、关联图三种,它们的应用条件如下:

(1)因果图:在单一目的、原因不交叉、原因展开不超过四层的情况下选用。

(2)树图:在单一目的、原因不交叉、原因展开超过四层的情况下选用。

(3)关联图:在多目的或原因交叉的情况下选用。

5. 末端原因的确定

因果图和关联图中,箭头"有出无进"的原因,为末端原因。树图中静态展开的最后一级原因,为末端原因。

6. 分析原因中常用的统计方法和工具

分析原因中常用的统计方法有头脑风暴法、因果图、树图、关联图等。

7. 分析原因中存在的常见问题

(1)未针对课题或现状调查找出的症结进行分析。

(2)统计方法选择不恰当。

(3)未分析到末端因素。

六、确定主要原因的要求

1. 确定主要原因的目的

确定主要原因的目的是为采取对策提供依据。

2. 确定主要原因的要领

确定主要原因,就是依据事实和数据把对问题影响大、小组又有能力解决的末端原因确定为主要原因。

(1)一定用事实和数据来确定,不能凭主观想象、不能凭个人感情、不能少数服从多数去选取主要原因。

(2)一定是小组自己(或有帮助的情况)能采取对策解决的原因,不可抗拒的原因必须排除。

(3)一定是对问题(或症结)影响大的原因。

（4）确定主要原因时必须把末端原因逐条确认，从中找到主要原因。

[例3-1] 一片小麦枯黄了。分析原因的时候，有可能的原因是：密植、浇水、气候、施肥、土壤、人的技术水平等。确定主要原因是肥料含钾量低造成了这片小麦枯黄。通过大量的事实和数据，我们把"肥料含钾低"确定为主要原因，这个主要原因找到了，下次我们就知道施含钾量高的肥料了。

[例3-2] 一个小区连续被盗。分析原因的时候，就会想到地段原因、照明原因、监控死角原因、防护窗原因、流窜人口多原因、防盗门锁原因等，确定主要原因时发现，被盗都是从一层破窗入室，把防护窗钢筋细和流窜人口多的主要原因找到了。排除流窜人口原因（小组无力解决），采取把防护窗钢筋加粗的对策，问题基本就解决了。

3. 主要原因确认常用的统计方法

主要原因确认常用的统计方法有简易图表、调查表、直方图、控制图、散布图、正交实验设计法等。

4. 确定主要原因中常发生的问题

（1）证实主要原因的数据不充分。

（2）确定的主要原因不是末端原因。

（3）确定的主要原因小组没有能力解决。

（4）把过程的重要因素误认为主要原因。

七、提出方案并确定最佳方案的要求

这个步骤是创新型课题活动的第三个步骤。问题解决型课题不使用该步骤。

1. 方案的提出

用什么方案去实现创新结果，这是创新课题成功的关键，我们依靠小组的智慧，畅所欲言，提出创新的要求和设想。然后把这些要求和设想融合在一起，形成几个方案。形成方案时要把握小组的实力和外界的支持。

2. 分方案的选择

复杂的创新产品是由很多部件（分项目、分过程）组成的，所以对部件（分项目、分过程）创新的分方案也需要进行选择。没有部件，总成也是空的。因此，必须研究所提出的分方案。"分方案"的选择，是总方案实现的基础。

3. 最佳方案的选择

最佳方案包括总方案和分方案。是小组对提出的几个方案和几个分方案通过实验数据的比较，进行经济性、可实施性、成本、工期、工艺性、安全性、可靠性等诸方面的综合考虑选择最佳方案。

4. 方案的表示方法

总方案和分方案都必须用数据和事实证实。总方案和分方案用树图表示。

5. 提出方案确定最佳方案中常用的统计方法

常用的方法有正交试验、直方图、散布图、优选法等。

6. 提出方案确定最佳方案中常发生的问题

(1)没有分方案的选择过程。

(2)最佳方案的确定缺少实验数据支持。

(3)方案选择时，提出的方案对比性差，为比较而比较。

(4)方案选择时，提出的方案少，局限性大。

八、制定对策的要求

无论哪种类型的课题都要制定对策，对策计划是 P 阶段的产品。对策计划有标准的对策表供小组使用。对策表中把对策和措施分开，他们之间存在展开的关系。

1. 对策和措施的区别

"对策"是针对主要原因采取的对应改进方案，"措施"是实现对策的手段。"对策"制定后，一定要确定"对策目标"，而"措施"是实现"对策目标"的具体做法。如果选定的措施，实施后没有实现对策目标，就首先考虑调整措施。如果调整措施后还实现不了对策目标,就需要评价对策目标的合理性和对策的有效性。

2. 对策的选择

对每一条主要原因都必须制定针对性强的、有效的对策。对策目标必须有明确的量化值。对策目标实现后,证明该主要原因采取的对策和措施是有效的。

因此,在制定对策时一定要注意以下几点:

(1)不要选择在小组权力范围之外的对策。

(2)不要选择临时性对策。

(3)不要选择不能付诸实施的对策。

(4)不要选择不能解决问题的对策。

3. 措施的选择

选择的措施应该能保证实现对策目标。措施一般是由小组自己完成的,当小组没有能力完成选择的措施,需要相关方支持时,小组要得到有关领导的认可,才能把措施写入对策表。如:提高生产效率需要花 100 万元购买一台新设备,领导说当前资金短缺,没有认可这件事,就不要把购买新设备写入对策表,而应当选择其他对策。

调整措施是小组活动经常发生的情况,这不叫第二个 PDCA 循环。发表成果时,在实施阶段必须讲明白。

4. 对策表设计

制定对策要使用对策表,对策表的表头是按照 5W1H 的原理设计的,问题解决型课题和创新型课题的对策表不一样。问题解决型课题的对策是针对主要原因的(见表 3-1)。创新型课题的对策表是针对最佳方案展开的最后一级的项目。

表 3-1　问题解决型课题对策表表头

序号	主要原因	对策	目标	措施	负责人	完成时间	地点

5. 5W1H 介绍

5W1H 是英文 6 个单词的第一个字头,即:What:对策(做什么),Why:目标(做到什么程度),Who:负责人(谁去做),Where:地点(在什么地方做),When:时间(什么时候做完),How:措施(如何做)。

问题解决型课题的对策表是在 5W1H 的基础上增加了"序号"和"主要原因"两项内容。创新型课题的对策表是在 5W1H 的基础上增加了"序号"和"项目"两项内容。

6. 问题解决型课题对策表案例

问题解决型课题对策表案例见表 3-2。

表 3-2   问题解决型课题对策表案例

序号	主要原因	对策	目标	措施	负责人	完成时间	地点
1	室内温差大	恒温	22～24℃	(1)装柜式空调机一台 (2)门窗装双层玻璃,加贴密封条	×××	2012 年6 月	计量室

7. 创新型课题对策表案例

创新型课题对策表案例见表 3-3。

表 3-3   创新型课题对策表案例

序号	项目	对策	目标	措施	负责人	完成时间	地点
1	8V 防水异性锂电池防水性	电池外壳防水塑封	4h不渗水	(1)全外壳塑封 (2)链接部位涂环氧树脂	×××	2012 年6 月	外协采购部

8. 制定对策的要求中存在的常见问题

(1)对策表中对策和措施不分。

(2)对策表中措施笼统,没有可操作性。

(3)对策目标未量化。

(4)对策表不完整。

九、实施对策的要求

实施对策的核心,就是按照对策表实施。对策表是小组通过大量的事实和数据证实的、可行性强的计划,在实施阶段就要严格的按照对策表去实施。

1. 对策实施阶段的要求

(1)严格按照对策表实施,边实施边检查对策效果。

(2)当对策在实施过程中无法继续时,小组要重新制定措施计划,并照此实施。

(3)当确认的措施实施后目标不能实现时,小组要对措施的有效性进行评价,必要时修改措施内容,以实现目标。

(4)做好实施记录,为证实对策结果提供证据。

(5)要选择恰当的统计方法去帮助我们实现对策目标,选择的统计方法应在对策表中明确,见表3-4、表3-5。

表3-4 对策表案例一

序号	要因	对策	目标	措施	负责人	完成时间	地点
1	焊接电流低	提高电流强度	18～25A	对电流强度(18～25A)、焊丝硬度、ABC卡具使用L_9(3^4)表进行正交试验	张三	×××	×××
2	焊丝硬度高	选用低硬度焊丝	30		张三	×××	×××
3	工件卡具卡紧力小	工件卡紧	2N/m²		张三	×××	×××

表3-5 对策表案例二

序号	要因	对策	目标	措施	负责人	完成时间	地点
1	焊接电流低	选择合理的电流参数	在15～30A之间优选	使用0.618法优选	张四	×××	×××

2. 实施对策效果的确认

对每项对策的目标值都应用数据和事实进行验证,并进行确认。同时,也为制定巩固措施提供依据。

每条对策实施后,除去对对策目标实现与否进行确认外,还需要对措施的实施是否影响安全、环境、相关质量、管理以及是否带来成本大幅增加进行核查,以评价对策的综合有效性。

3. 对策实施阶段常用的统计工具、方法

常用的统计方法有调查表、直方图、控制图、过程能力指数、散布图、矩阵图、PDPC 法、箭条图、头脑风暴法、流程图、优选法、正交试验法等。

4. 实施对策中存在的常见问题

(1)实施过程没有按照对策表实施。

(2)实施过程记录不详细、不准确、不完整,照片多、缺少定量数据和必要的文字记录。

(3)实施过程没有选择恰当的统计方法。

十、检查效果的要求

本步骤要求小组对措施实施前、后的目标值进行比较,并对问题的症结解决情况进行调查,使用具有可比性的数据进行比较,以明确措施的有效性。

小组应对课题活动产生的经济效益和社会效益进行统计,产生的效益得到相关职能部门的认可。

1. 经济效益

在进行经济效益计算的时候,我们反对泡沫效益,反对吹嘘和夸张。所以,我们对经济效益的计算必须统一,我们提出了只计算课题活动期(包括巩固期)内的直接效益,计算方法为

活动期的直接经济效益=活动期的经济效益-活动期的投入的费用

2. 社会效益

由于 QC 小组的课题不同、解决的问题不同,带来的经济效益和社会效益都不一样。我们衡量 QC 小组的好坏不能只用经济效益来衡量。有的经济效益不大,产生的社会效益影响却很大,如:提高人的素质的课题、改善环境的课题,经济效益很难量化。有些小组总觉得没有经济效益的课题,难以启齿,其实,这是不对的,小组宗旨的第一条就是提高小组成员的素质。

3. 效果检查的方法

（1）问题解决型课题效果检查应与活动的目标进行对比，可以用柱状图来表示，直观地反应课题目标的完成情况。

（2）问题解决型课题效果检查应与活动前的现状进行对比，检查主要问题症结的改进程度，可以用简易图表、排列图等来表示。

（3）创新型课题效果检查就是课题效果本身的效率、功能和价值，无需进行对比。

4. 存在的常见问题

（1）效果检查的数据反映与设定的目标不对应。

（2）效果检查计算的方法不正确，没有减掉活动期间的耗费或者扩大周期放大经济效益。

十一、制定巩固措施的要求

1. 制定巩固措施的目的

制定巩固措施的目的，就是防止解决后的问题再发生。要把经过实施证明的有效措施纳入到相关标准（包括班组作业指导书、企业的规章制度等），以后按照更改后的标准去做事情，就不会出现问题再发生了。

首先确定成功的措施是什么，再确定成功的措施应纳入哪类标准，是管理标准还是技术标准。如果成功的措施属于管理标准类，向企业管理部门申请纳入管理标准。如果成功的措施属于技术标准类，向企业技术部门申请纳入技术标准。如果成功的措施属于设备改进项目，向设备部门申请纳入设备使用管理标准。

成功的措施纳入企业标准后，小组的活动才算告一段落，才能整理成果材料，准备发表交流。

2. 成果巩固期的规定

小组成果巩固期规定为 3 个统计周期，在巩固期内稳定的课题成果，才能受到职能部门的认可。

3. 存在的常见问题

（1）巩固措施不具体，没有具体明确纳入标准的文号等。

（2）没有巩固后效果的跟踪验证记录。

十二、标准化的要求

创新型课题时 A 阶段使用的步骤如下：

（1）把创新的结果纳入相关标准，再应用到实际工作中去，不断改进使之更加完美。

（2）小组要把创新的成果无私奉献给组织，在组织内资源共享，组织可申请专利，对小组知识产权进行保护。

（3）创新成果的标准化活动是对创新结果的动态管理，创新的成果有逐步完善的过程。

十三、总结和下一步打算的要求

小组的课题完成后都要进行总结。

1. 总结的内容

（1）此次课题活动，有什么成功的经验、应该汲取的教训。

（2）在活动程序和统计方法的使用上还有哪些不足，下次活动注意什么。

（3）小组在实现课题目标的同时还取得了哪些成效。

（4）小组作自我评价，有哪些进步。

2. 下一步打算

（1）把课题延续下去，继续追求更高的目标。

（2）寻找下一个问题点去开展活动。

（3）寻找身边的创新项目，创造更有魅力的质量。

3. 下一个课题

如果小组在成果发表的时候，可以明确提出小组下一个课题是什么。

上述 QC 小组活动的程序是国内外 QC 小组活动经验的总结。熟练地掌握程序和方法的应用，并重视用数据说明事实，就能提高解决问题的能力，少走弯路，从而提高小组成员的素质。

程序中每一步聚常用的统计方法见表 3-6。

表3-6 程序中每一步骤常用的统计方法

序号	程序	老 QC 七种工具							新 QC 七种工具							其他方法					
		分层法	调查表	排列图	因果图	直方图	控制图	散布图	系统图	关联图	亲和图	矩阵图	矢线图	PDPC法	矩阵数据分析法	简易图	正交试验设计法	优选法	水平对比法	头脑风暴法	流程图
1	选题	●	●	●			○	○			○	○				●			○	●	
2	现状调查	●	●	●		○	○	○								●			○		○
3	设定目标	○														●			●		
4	分析原因		○	○	●	○	○	○	●	●						●				●	
5	确定主要原因																				
6	制定对策					○						○	○	●		○	●	●		●	○
7	按对策实施		○				○	○													
8	检查效果		○				○									●			○		
9	制定巩固措施															●				○	
10	总结和下一步打算								○		○					●					
11	提出方案并确定最佳方案														○		●	●			

注：1. ●表示特别有效；○表示有效。

2. 简易图包括折线图、柱状图、饼分图、甘特图和雷达图。

第五节　QC 小组活动的推进

QC 小组成员是质量志愿者的自主行为,他们在完成本职工作的基础上,愿意为企业的质量工作多做贡献,自愿的组织起来形成从下而上的力量,从基础做起,从现场改进着手,进行质量改善活动。QC 小组为企业注入了新的力量,是组织生命的源泉,有远见卓识的企业家会借助 QC 小组的力量致力于组织的发展。

本节重点介绍组织的 QC 小组活动的推进情况。

一、国家政府部门的推进

我国在 1978 年从日本小松制作所引进 QC 小组。QC 小组的创始人石川馨教授亲自带讲师团到我国讲学,传授日本 QC 小组的理论和方法。

我国开展 QC 小组活动,至今已有 34 年的历史,这项活动的健康发展是与各级政府的大力支持和推进分不开的。

我国各级政府非常支持开展 QC 小组活动,在 1997 年 3 月 20 日国家六个部委就颁发了《关于推进企业质量管理小组活动的意见》,给全国企业 QC 小组活动的推进指明了方向,给出了优惠政策,把全国的 QC 小组活动推向了新高潮。

目前,国家七个部委联合推进 QC 小组活动在国家和各省区、部和直属单位都形成了管理网络,为我国的 QC 小组活动搭建了互相交流的平台。

我国每年由国家群众性质量活动领导小组主办,QC 小组代表大会。各省、市和自治区,各地区、各部委都召开成果发表会,对优秀小组给予表彰和奖励。

二、企业的推进

企业 QC 小组活动的推进,根源在于企业领导对 QC 小组活动的认识。目前来看,我国各企业开展 QC 小组活动推进的方法、认识程度不一样,有的企业开展得轰轰烈烈,有的企业冷冷清清。

开展轰轰烈烈的企业的经验是:企业推进 QC 小组活动时,使用"典型引路、逐步扩散"的办法,从培训教育入手,逐步建立机制,典型引路潜移默化,把 QC 的理论推向全企业,把 QC 知识普及到全体员工。

根据国内外经验总结出健康推进小组活动的五个方面如下。

1. 自始至终的抓好质量教育

教育是长期的过程,要通过小组活动培养员工的"质量意识、问题意识、改进意识和参与意识"。

教育的目的是养成重视质量的好习惯,我们可以通过短期的培训活动,学习 QC 小组的理论和方法,不断地、反复地开展知识更新和深化培训。让小组成员掌握必须的知识。同时,又必须在小组课题活动中、在长期的质量改进活动的参与中养成一个重视质量的好习惯。

2. 制定 QC 小组活动的推进计划

企业在推进 QC 小组活动的时候,也必须坚信 PDCA 方法,明确推进活动重点、力度。通常推进计划包括开展动员、培训教育、典型引路、发表会安排、奖励落实等内容。让群众性的自愿活动变成有序化活动。

3. 企业提供开展小组活动的环境

环境是非常重要的,在企业中如果要推进 QC 小组活动,首先要形成 QC 的气候。QC 环境靠小组推进部门创造,更主要的是靠质量志愿者自己创造。

如果你发表成果的时候,与会的人认真听取你的发表,然后大家给你掌声鼓励,这样,你下次还想发表。

如果你发表成果的时候,会场乱哄哄,与会的人不认真听取你的发表,发表后大家不鼓掌,这样,你下次还想发表吗?

环境的力量是无穷的,这个环境是靠 QC 人自己创造的。

4. 对小组活动要给予具体指导

小组在活动初期,难免会出现朦胧的地方和不懂的地方,这时候,就需要有人指点迷津。给小组指点迷津的人,必须懂小组的理论和方法,不要瞎指点,不要给小组引错路。当前,我们培训的 QC 小组诊断师,就是指导 QC 小组活动的老师,诊断师要"诲人不倦"、要"循循善诱",不要操之过急。诊断师要教小组去做,不要代替他们做。

5. 建立健全企业 QC 小组的管理办法

我们制定的管理办法是爱护小组活动的办法,为活动带来方便。建立的管理办法是支持小组活动的,不要给小组带来伤害。领导要记住,小组管理制定"只奖不罚"。

对于优秀小组和优秀成果的奖励是非常重要的,是企业领导必须考虑的问题,但是,对 QC 小组来讲,则不能把奖励看得太重,不应该把物质奖励当做小组活动的目的。

推进 QC 小组活动时我们不支持从模仿优秀成果入手、以获得奖杯为目的、追求评选先进的做法。我们希望企业健康地推进小组活动,把开展 QC 小组活动变成提高企业素质、建设企业文化的一部分。

总之,QC 小组的发展已形成世界的潮流,各级领导都在奋力推进。对 QC 小组的推进要多关心、多鼓励、少责备,激发广大员工的积极性和创新性。

第四章　QC 小组活动的成果

QC 小组在实现课题目标后,就要把活动记录整理成"成果报告书"。向企业报告小组的成果,并准备交流发表与大家共享成功的喜悦。小组通过整理成果报告可以提高成员的写作能力、表达能力、综合能力,是提高小组素质的重要环节。

通过整理成果报告书小组可达到如下目的:总结提高,加深对 QC 理论的认识;向企业展示小组所取得的成果;供小组成果发表会使用。

本章重点描述 QC 小组成果类型、报告书的整理、发表会的组织和要求等内容。

第一节　QC 小组成果报告

一、成果类型

QC 小组的课题成果可以分为两类:"有形成果"和"无形成果"。

1. 有形成果

可以用物质或价值的形式来表示的、能直接计算经济效益的成果称为有形成果。如:降低了不合格率,提高了工作效率。

2. 无形成果

不可以用物质或价值的形式来表示的、不能直接计算经济效益的成果称为无型成果。如:提高了职工素质,改善了人际关系。

组织在评价 QC 成果的时候,应该在评价有形成果的同时也评价同时发生的无形成果。不应该只对有形成果感兴趣,只关注有形成果的观点是片面的,必须纠正。

在 QC 小组的宗旨中,其中就有提高人的素质这一条,人的素质提高了组织的文明程度增加了,员工的凝聚力提高了,组织就会兴旺发达。虽然当时有可能看不到经济效益,但在今后组织发展中的作用是不可估量的。

二、成果报告书的整理

整理成果报告书的过程是小组提高的过程,同是一个小组的人,对同一个课题整理的成果报告,就有不同的描述。原因是整理人的素质、世界观、立场、感知能力不同,所以整理成果报告书也不同,就和写作文一样,同样的题目,不同的人,写出的文章千差万别。成果报告书的整理过程是小组成员素质提高的过程,是小组成员陶冶情操的过程,也是锻炼写报告人的思维和语言能力的过程。

1. 整理成果报告书的一般程序

(1)小组开一个总结会,回顾课题活动的过程,畅谈小组的活动体会。

(2)小组每个成员按照分工,整理活动的记录和图、表、数据。

(3)选出整理成果报告的若干执笔人,执笔人按照小组课题的活动程序,整理成果报告书初稿。

(4)小组评议报告书初稿并提出修改意见,重点评价报告书的真实性和个性魅力。

(5)修改完善报告书定稿。

2."整理"和"编写"不同

大家常说 QC 小组的成果报告书是编写出来的,这样的说法不恰当,应该说 QC 成果报告书是整理出来的。大家普遍感觉整理成果报告是一件很困难的事情。为什么会有这种感觉呢? 大致有以下三个原因:

(1)报告的执笔人没有亲自参加小组活动,没有活动现场,没有活动实践,报告写起来空洞,甚至是无中生有。

（2）把技术革新成果改编成 QC 报告，小组事先把事情做完，再套用报告的格式，做官面文章。

（3）活动的时候没有使用统计方法，写报告时，胡编乱造统计方法，为发表而编，甚至乱编一些假数据。

其实，整理成果报告就像整理"个人相册"一样。整理"个人相册"时，按照年龄顺序选择照片，从小时候粘贴到老的时候，非常容易。只要有照片，不怕整不成相册。可是，没有照片就难了。贴别人的照片不行，瞎编照片也不对，这不就难了吗？

常听有的整理人说："我想把小改小革的成果编写成 QC 报告，不知编写成问题解决型好呢？还是编写成创新型好呢?"这种提问非常幼稚。他把整理 QC 成果报告书当成文字游戏。想怎么编就怎么编，想整成什么样就整成什么样。他们忘记了 QC 小组成果报告书是小组活动的真实写照，成果报告书绝对不是编出来的。如果我们走进"后编后套"成果报告书的误区，迟早会把编写 QC 小组成果报告书当成负担，对整理 QC 小组报告书感到厌烦。

QC 小组中的每个成员应该记住：课题成果报告书是真实的，不是瞎编的。有的小组自我安慰地说："这次活动时没有做记录，整理成果报告书时，编了假数据，就此一回，下次不编了。"这种提法是自欺欺人，如果这次活动中缺少数据，在下次活动中汲取教训，把数据取多一些就行了，为什么一定要编假数据去骗人？去追求奖励呢？这是一个误区。

3. 好的"成果报告书"

整理成什么样的成果报告书才叫好的成果报告？

"用通俗的语言，按照选定的活动程序，写小组自己的故事，只要能把事情讲清楚，越简练越好。以数据、图、表为主线，附少量的文字说明，正确、适宜地使用统计方法，让小组的同行们能看懂"就是好的成果报告书。

三、整理成果报告书的注意事项

（1）报告书的语句一定要通俗，不要用太多的专业术语，让参加交流的人能听懂。必须要使用专业术语表达时，报告书必须对专业术语进行通俗的比喻或解释。

（2）报告书的逻辑性要强，报告书不要前后矛盾，要按活动程序"面面俱到"，但又必须重点突出，展示小组的亮点和值得骄傲的地方。

（3）报告书中使用的数据单位要统一。

第二节　QC 小组成果的发表

一、成果发表的目的

QC 小组取得了成果后，都要进行成果发表，这是 QC 小组成员自我价值实现的需求。

二、成果发表的方式

发表的方式可以多种多样，发表的方法应服从发表的目的，因地制宜，不一定都一个模式。如：在施工现场小组可面对实物发表。生产现场的操作工人，不会制作 PPT 投影片，可以选择简单的方式发表。

我们要求 QC 小组的成果一定要发表，但没有规定用什么形式去发表，发表方式 QC 小组可以自主选择。参加协会交流的成果，我们要求使用 PPT 的方式，是为了交流方便。

三、成果发表的作用

"展示"是人的"需要"。任何人都愿意在别人面前展示自己，这是天经地义的。各级质量协会，正是为了满足小组的"展示欲望"，才规定 QC 小组课题成果一定要在发表会上发表交流。

成果发表的作用有如下六条：

(1)交流经验,互相启发,共同提高。

(2)鼓舞士气,满足小组成员自我价值实现的需要。

(3)现身说法,吸引更多的员工参加小组活动。

(4)使评选优秀 QC 小组有广泛的群众基础。

(5)提高 QC 小组成员科学总结成果的能力。

(6)在众人面前展示发表人的语言表达能力和口才。

四、成果发表的组织工作

1. QC 小组方面

(1)发表准备：

整理好成果报告书和发表使用的道具。

确定好成果发表人,发表人应熟悉成果报告书。

选择好发表方式,是选择一个人讲述,还是多人像讲"相声"似的发表。

发表人应仪表端庄,服装得体,不允许有赤背坦胸、穿拖鞋等不文明的行为。

(2)发表时的要求：

上讲台后先作自我介绍,随后解释必须使用的专业术语。

像讲故事一样熟练地展示小组的成果,不要像"背书"一样刻板。

发表人仪态要自然大方,语言要简练,要谦虚谨慎。

发表中,要使用文明的语言,发表结束后要"谢谢大家"。

发表后,进行交流回答问题时,不要使用外交辞令。如"无可奉告"、"你没听明白吗?"、"我无继续告知的义务"等不友好的语言。

不要忽悠大家鼓掌,不要在发表成果时做商业广告。

(3)发表人的要求：

发表人必须是小组的成员,不允许外请非小组成员来担当发表人。

2. 会议组织者方面

(1)会议准备：

拟定会议议程，布置好会场，包括挂出横幅和标语、准备好必要的道具。

准备好电脑、打分表、计时器、影像设备、教鞭笔和手持话筒。

确定好参加会议的人选，布置好交流的位置。

(2)发表会进行时的控制：

会议主持人向参会人员介绍与会领导和嘉宾。

宣布大会主题和发表顺序。

介绍担任大会的评委，评委组长代表评委作公正性宣誓。

每个成果发表完，听到"谢谢大家"的语言时，评委组长应带领会场全体人员热烈鼓掌祝贺。

会场禁止大声喧哗，与会人员在别人发表时不得随意走动，影响发表环境。

交流时，主持人掌握交流时间和会场气氛，不要出现不愉快的事情。

大会发表后，评委组长要作总体点评。

会议组织单位的领导要参加会议并讲话，给取得优异成绩的小组颁奖。

不要在发表会上讨论与大会无关的问题，不要冷落首次参加QC活动的小组。

有可能的情况下，可考虑按发表不同类型的课题分专场发表，企业可以召开专题QC成果发表会。如"节能降耗专题"、"安全施工专题"或"服务专题"等都可以召开专题的发表会。

第五章　QC小组活动成果的评审与激励

本章讲述对 QC 小组活动成果评审与激励,包括如何进行 QC 成果评审、评审的四项基本原则、评审的方式。提出四项原则是为了"统一看法,达成共识"。本章还对小组活动成果的激励,提出了方向性建议,激励是组织尊重人性和爱护 QC 小组的体现,不可忽视。

第一节　QC小组活动成果的评审

评审就是评价与审核。对小组活动的成果评审,主要包括课题成果的评审、专业技术的评审、活动过程的评审和统计方法使用的评审。这四个评审内容分别由企业不同部门来完成。

一、组织对小组成果的评审

对小组活动成果的评审,由 QC 小组活动推进部门进行,小组如果没有实现小组目标,就不算课题完成,小组需要继续努力,直至实现小组的课题目标。

对小组活动过程的评审,由小组活动推进部门进行,如果小组没有按 PDCA 要求的程序步骤进行活动,或活动中的数据不够,推进部门或指定的诊断师,应对小组给予具体指导,让小组掌握戴明环的科学思考方法。

对课题统计方法使用的评审,由 QC 小组活动推进部门进行,如果小组使用统计方法不恰当、不正确时,推进部门或指定的诊断师,应对小组给予具体指导,让小组掌握正确的选择统计方法和运用统计方法。

对课题专业技术方面的评审,由技术主管部门评审,技术方面的改进必须有实质性的内容,对今后的工作有借鉴或参考价值,技术主管部门同意将成功的措施纳入到相关技术标准。

企业主管部门应对报送到省区、行业的参评 QC 成果,从技术角度负责,保证成果的科学性和真实性。

二、行业协会对小组成果的评审

推荐到行业协会发表的课题,协会对小组的专业技术不再进行深入的探讨,在可信度差异明显时,协会可追溯到推荐的组织,要求组织提出证据性材料。

各省区级协会评审 QC 小组中,应关注管理技术使用、关注小组课题目标和目标的实现过程。

三、QC 小组成果评审的目的

对小组课题成果评审的目的是"肯定成绩、指出不足,不断提高小组的活动水平",评审时要保护小组的积极性,让小组对继续开展活动充满信心。

四、QC 小组成果评审的基本要求

有利于调动小组的积极性,有利于提高小组的活动水平,有利于交流和互相启发。

课题成果评审的时候,评委对小组发表报告不要"求全责备",不要指责和训斥。要循循善诱,要实事求是,关爱指导。

五、评审的基本原则

1. 从大处着眼,抓主要问题

什么是大处? 什么是主要问题?

评审 QC 小组课题成果的时候,所讲的大处有三个方面:活动的全过程是否按 PDCA 循环推进,是否严格按照选定的活动程序进行活动;活动中是否基于事实进行策划,每个活动过程是否都有可靠的数据来支撑;在活动过程中能否正确、适宜地使用统计方法。

其他小的问题,如有几个错别字、有几处打印遗漏、个别观点模糊,这都是小处,不在评审时提出。

2. 要客观并有依据

我们评价课题成果的时候,要站在客观的立场上,提出的每一条不足都要有依据。是否符合 QC 小组活动程序的哪一个步骤什么要求,评委不能把自己的意愿当成依据,去评价 QC 小组的课题成果,尤其在似懂非懂的时候,评委最容易把自己的观点强加给小组,评委要相信 QC 小组技术部门的把关,也要相信小组的科学判断,评委不要主观臆断,要把 QC 小组课题成果报告书当做依据。

3. 避免在专业技术上钻牛角尖

对 QC 小组的评价,主要是评审管理技术。评审活动的过程是否科学,是否在大处上出现了问题,是否属于专业技术范畴,应由组织的专家把关。评审 QC 小组时过多地在专业技术上钻牛角尖,可能把对小组的评价偏离到学术争论上去。

4. 不要单纯以经济效益为依据评选优秀 QC 小组

小组的第一条宗旨就是提高人的素质,发挥人的潜能。可是,我们在评选优秀小组的时候往往会更加关注经济效益,这样就偏离了小组的宗旨,就会把小组导向为单纯经济效益的倾向。使得小组在选择以社会效益为主的活动课题时,产生顾虑。我们希望既要重视经济效益又要重视社会效益。

六、评审标准

QC 小组的评审标准应依据《水利行业质量管理小组活动管理办法》和《水利行业质量管理小组成果评审细则》的要求。评审标准包括资料评审和会场发表评审两个部分,发表评审又有问题解决型和创新型课题的区别,具体要求见附件。

七、评审的方法

1. 组织对 QC 小组的成果评价

基层对 QC 小组进行的评价包括小组课题活动现场的评价和小组课题成果发表的评价两部分。

(1)现场评审要求。现场评审安排在小组取得成果后的 2 个月为宜,具体需依据成果实现的情况,以及成果的巩固情况而定;评审时评审组应有不少于 5 名诊断师参加;时机选择在企业召开发表会前进行评审;现场评审应查看小组活动记录是否齐全;要看 QC 成果的实用性,对活动中的专业技术把关,确保 QC 成果的真实性和有效性。

(2)发表评审的要求。组织按照推进计划在预定的时间召开发表会。一般在年底或 2—3 月进行。

必须是在各企业有关职能部门对课题成果进行了确认并完成制定巩固措施标准化步骤之后,才能发表。小组课题成果需要在发表会上发表了。

成果发表时,应有 5~7 名具有水利分会 QC 小组诊断师资格的人员组成评审组,对每个发表的成果当场评分;并推荐参加上一级 QC 小组成果发表会发表的小组或课题;评选为企业级 QC 小组的课题企业应给与适当奖励;评审优秀课题成果最后得分以现场评审占 70%、发表评审占 30% 为宜。

2. 行业对 QC 小组活动成果的评价

行业协会每年召开一次 QC 小组课题成果发表会,评审选拔行业内优秀 QC 小组成果,并在其中优选一部分成果参加国家级优秀 QC 小组和成果的评审。协会评审优秀小组的基本程序是:由同时具备国家级和部级诊师资格的若干名评委组成评审组;对申报的成果报告书进行资料评审,按照百分制打分;对小组进行综合评分;推选部级优秀小组若干名;推荐国家级优秀小组若干名;小组发表用时不超过 15min,发表后的评委提问和交流不超过 5min。每次会议的具体要求会前公示。

评审意见可分为两部分：总体评价和不足之处。评审意见可提供给发表的小组，作为改进参考的依据。

第二节　QC小组的激励

一、激励概述

组织对QC小组的激励必须贯彻"人本管理"的原则，以表扬为主，激励小组产生荣誉感和自信心。

美国的心理学家马斯洛在1943年发表的《人的动机理论》中提出了人的需要层次论，内容见图5-1。

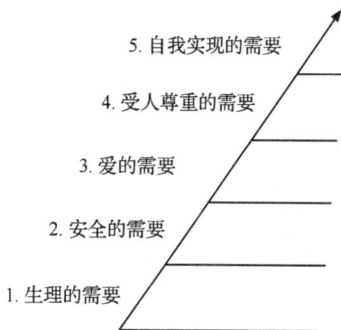

5. 自我实现的需要

4. 受人尊重的需要

3. 爱的需要

2. 安全的需要

1. 生理的需要

图5-1　马斯洛人的需要层次论内容

人在满足第一层需要后，就开始追求第二层次的需要，由低向高，以此类推，人的最高需要是"自我实现的需要"，人将竭尽全力的追求自我实现，质量志愿者就是把"质量改进"作为永恒的追求，这是最高需要。马斯洛的需要层次论是QC小组激励的基础理论。

二、激励方法

1. 理想与目标的激励

这是小组自己激励自己的手段,有目标才有压力,有压力才有动力,有动力才能激励我们去努力奋斗。

2. 荣誉的激励

荣誉是正常人的追求,表扬会使人振奋。君子爱财,但是更爱荣誉。只要公平、公正、公开地评选 QC 优秀成果,小组就会竭尽全力去争取最好的成绩,取得最大的荣誉。

3. 物质的激励

给优秀小组给予一定的物质奖励是组织必须考虑的事情。给小组物质奖励是必须的,但是,小组不能把获得奖金当成最终的追求。

4. 培训的激励

通过培训可以丰富知识、增长才干,是大好事,给注册的小组以培训的机会就是对小组的激励。

5. 关怀与支持的激励

人在困难的时候需要别人的关怀,人在艰苦的时候想听到安慰的语言,QC 小组的推进者必须把需要送到小组,从技术理论和物质资源等方面经常地关怀小组,让小组成员感觉到有依托感和有归属感。

6. 晋升的激励

QC 小组是自学成才的学校。对成才的学生就是要另眼看待,提拔他们到更重要的岗位,去担负更重要的工作。肯定他们的成绩,就是有效的晋升激励。

总之,激励的方法很多,我们的原则是:以自我激励为主,以外部激励为辅。QC 小组是高尚的群体,不要把奖励当目的。QC 小组要有更高的追求,要有眼光,要看到未来。

第六章 统 计 方 法

在本章中,我们将按照 QC 小组的活动程序,介绍小组经常使用的统计方法,重点介绍统计方法的使用,对统计方法的原理部分就不详细叙述了。

QC 小组在活动中恰当使用统计方法可以达到事半功倍的效果,小组掌握了基本的统计方法,就会变得聪明起来,在今后遇到类似的问题时,就会主动的使用统计方法,不断提高小组的素质。

第一节 常用统计方法的应用

一、统计的概念

1. 定义

(1)统计。"收集、整理信息和数据的活动"称为统计。

(2)统计方法。"有关收集、整理、分析和解释统计数据,并对其所反映的问题作出一定结论的方法"称为统计方法。

2. 统计方法的分类

(1)描述性统计方法:通过对数据的收集和整理来描述质量状态。

(2)推断性统计方法:通过对样本数据的分析和解释来推断总体质量状态。

3. 统计方法的性质

(1)描述性:通过数据的整理,找到数据的规律,描述质量状态。

(2)推断性:通过对样本数据的分析,来推断整体的质量水平。

(3)风险性:既然是用样本数据来推断整体,就不会百分之百的正确,就有可能出现错误,造成风险。

4. 统计方法的用途

(1)表示事物的特征:平均值、方差、标准偏差等。

(2)比较两事物的差异:假设检验、水平对比法等。

(3)分析影响事物的变化因素:因果图、树图、关联图等。

(4)分析事物的相关关系:散布图、正交试验。

(5)研究取样方法:统计抽样等。

(6)确定合理的试验方案:优选法、正交试验、价值工程法等。

(7)研究数据的质量分布:直方图、排列图等。

(8)研究数据的动态变化:控制图、散布图、折线图等。

(9)描述质量的形成过程:流程图、矢线图等。

5. 统计方法在我国的使用

我国没有与世界工业先进的国家同步跨入统计控制的阶段。1963年我国质量管理专家刘源张先生,在北京内燃机总厂小件车间进行统计方法使用的试点。1978年我国引进全面质量管理时,引进老七种统计方法应用于"质量管理小组"活动。1979年我国在进行质量管理活动进一步深化开展时,引进新七种统计工具和数理统计方法。1993年建立质量管理体系时,强调统计工具的使用,要求对过程能进行确认和监视。

6. 产品的质量波动

产品质量波动有其必然性和规律性。

波动可分为两类(见图6-1):

(1)正常波动:由随机原因引起,影响小、难克服。

(2)异常波动:由系统(指"人、机、料、法、环、测"系统)原因引起,影响大、容易克服。

7. 数据的分类

数据分为两类(见图6-2):

(1)计量值数据:指"能在数列上连续读值的数据",如重量、长度、温度、压力、容积等。

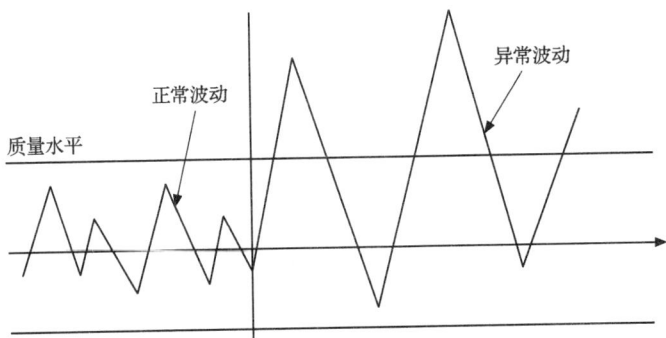

图 6-1　波动分类

（2）计数值数据：指"不能在数列上连续读值的数据"，如不合格数、疵点数、合格数等。

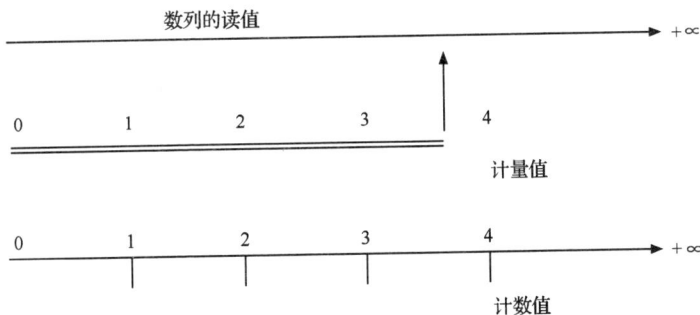

图 6-2　数据分类

8. 两类统计特征数

显示数据集中位置的统计特征数有样本平均值（$\bar{X}$）、样本中位数（$\tilde{X}$）。

显示数据离散程度的统计特征数有样本极差（R）、样本方差（S^2）、样本标准偏差（S）。

上述特征数的意义如下：

$$\bar{X} = \frac{X_1 + X_2 + X_3 + X_4 + \cdots X_n}{n}$$

$\tilde{X}$ 为一组数据按大小排列,中间的那个数(奇数时)或中间两个数的平均值(偶数时)。

$R = X_{max} - X_{min}$(即样本数据的最大值-样本数据的最小值)

$$S^2 = \frac{\sum (X_i - \bar{X})^2}{n-1} \quad (X_i \text{ 为样本中第 } i \text{ 个样本})$$

$$S = +\sqrt{S^2}$$

[例 7-1] 求 1、2、3、4、5 五个数的平均值、中位数、极差、方差、标准偏差。

解:$\bar{X} = \dfrac{1+2+3+4+5}{5} = 3$

$\tilde{X} = 3$

$R = 5 - 1 = 4$

$S^2 = \dfrac{(1-3)^2 + (2-3)^2 + (3-3)^2 + (4-3)^2 + (5-3)^2}{5-1}$

$= 2.5$

$S = \sqrt{2.5} = 1.58$

9. 统计推断的可能性

分析样本质量分布,计算样本的平均值和标准偏差,来推断总体的质量分布。

我们习惯把总体平均值用"μ"表示,标准偏差用"σ"表示;样本平均值用"$\bar{X}$"表示,标准偏差用"S"表示。

10. 计量值数据质量分布的规律性

计量值数据质量分布服从正态分布。

正态分布中,以 $\bar{X}$ 为中线:

各一个"S"区间质量分布的概率是 0.6826;

各两个"S"区间的质量分布概率是 0.9544;

各三个"S"区间的质量分布概率是 0.9973。

正态分布曲线是对称的钟形曲线(见图 6-3)。

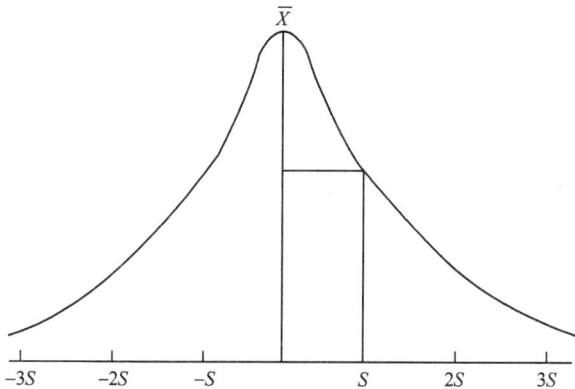

图 6-3　正态分布曲线

用样本的正态分布来推断总体的不合格率。

把质量要求和质量分布进行比较:

当质量要求等于"6S"时,质量分布中心与质量要求中心重合,总体中不合格品的概率约为 0.3%;

当质量要求等于"4S"时,质量分布中心与质量要求中心重合,总体中不合格品的概率约为 4.6%。

11. 统计中的两类错误和风险

(1)犯"α"弃真的错误。把一批合格的产品,经过抽样检查后,推断为不合格。犯"弃真"的错误。

(2)犯"β"存伪的错误。把一批不合格的产品,经过抽样检查后,推断为合格。犯"存伪"的错误。

风险率 α 和 β 是一对矛盾,此长彼消,此消彼长。使用统计方法的目的就是使犯两种错误的机会为最小。

二、QC 小组常用的统计方法

QC 小组活动按照 PDCA 方法,在活动全过程常用的统计方法分述如下。

1. 选择课题时常用的统计方法

(1)排列图:

1)原理:"关键的少数和次要的多数"原理。

2)基本图形见图 6-4、表 6-1。

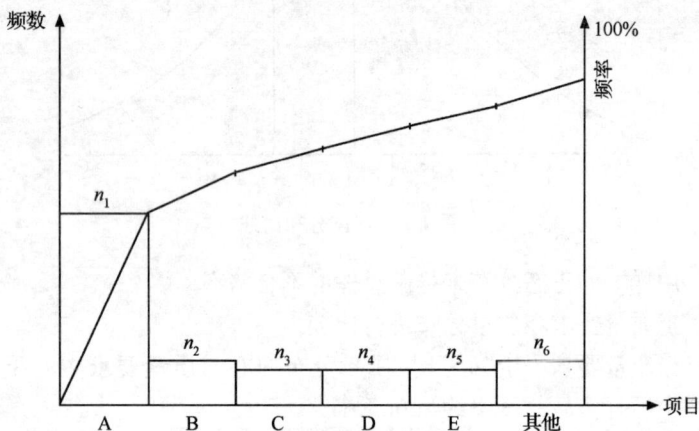

图 6-4 排列图基本图形

表 6-1 统计项目

序号	项目	频数	频率(%)	累计(%)
1	A	n_1	n_1/N	n_1/N
2	B	n_2	n_2/N	n_1+n_2/N
3	C	n_3	n_3/N	$n_1+n_2+n_3/N$
4	D	n_4	n_4/N	$n_1+n_2+n_3+n_4/N$
5	E	n_5	n_5/N	$n_1+n_2+n_3+n_4+n_5/N$
6	其他	n_6	n_6/N	$n_1+n_2+n_3+n_4+n_5+n_6/N$
	合计	N		

在众多的不合格中存在着"关键的少数项目,他们所占不合格的频数多,影响大"。如果把这些关键的少数项选择为小组课题,把关键少数项目的不合格降下来,整体不合格率就会明显下降。

排列图的图形说明:

排列图基本是正方形,由一个横坐标(项目坐标)和两个纵坐标(左边是频数坐标,右边是频率坐标)组成。

柱形从左向右按高低排列("其他"项目排列在最后位置)。

对应项目的累计百分比折线,也称为帕累托曲线。

标注齐全(包括图名、项目、总数、绘图人、日期、分数据值等内容)

3)排列图绘制程序:

排列图项目应大于3项、少于8项。

收集50个以上的统计数据;

确定排列分层项目名称;

统计项目出现频数;

计算单项百分比和从左至右项目的累计百分比;

绘制排列图;

标注(当排列图不能显示关键的少数时要考虑按新的标志分层,确定项目)

4)使用排列图经常出现的问题:

关键的少数不明显;

数据少,没有排列分析的意义;

"关键的少数和次要的多数"的分析和"整体与局部"的表示不是一个概念,选择使用时混淆;

标注不齐全;

用排列图去寻找发生问题的原因;

"其他"项超过10%太多。

5)案例:

①排列图出现这样的情况要重新进行分层:

某项目部 6 月份对四个抹灰班的质量缺陷进行调查,按班分层画出排列图(图 6-5)。

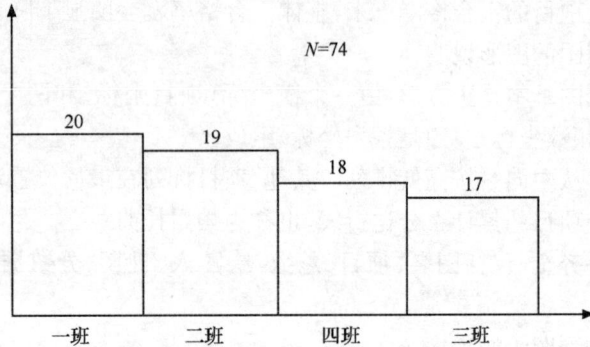

图 6-5 抹灰质量 6 月份检查班组不合格排列图

抹灰一班存在 20 个缺陷,于是选择降低抹灰不合格的课题,可是从排列图(见图 6-5)中看到柱形关键少数不明显,这就应考虑重新分层的问题。

重新分层找到"夹渣"缺陷是抹灰不合格的症结(见图 6-6),一班选择课题就不合理了,而物流部门选择课题合情合理。

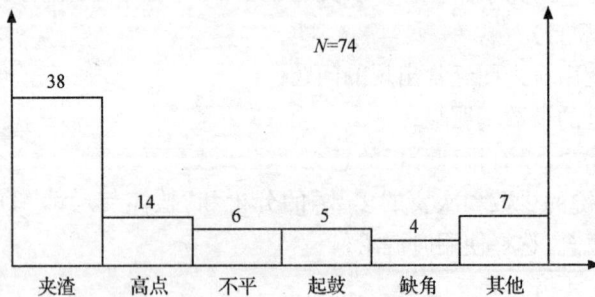

图 6-6 质量缺陷排列图

②原因分析不存在关键少数和次要多数的排列关系,用排列图分析原因属于统计方法使用不恰当。如图 6-7 所示的质量原因排列图。

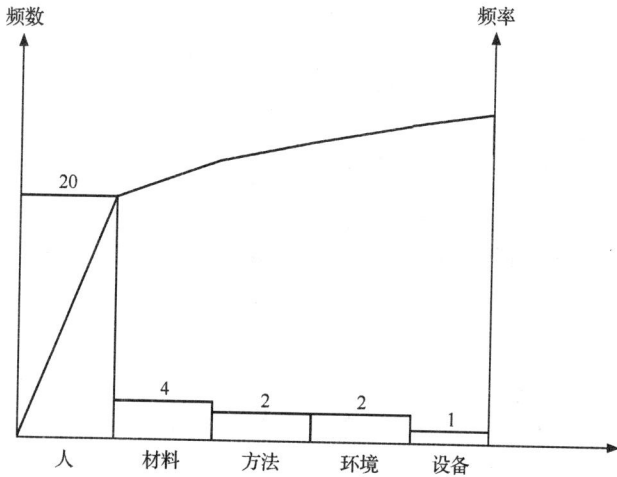

图6-7 质量原因排列图

（2）折线图：

1）原理：在直角坐标系中，表示特性值随时间变化的趋势图形。

2）基本图形（见图 6-8）

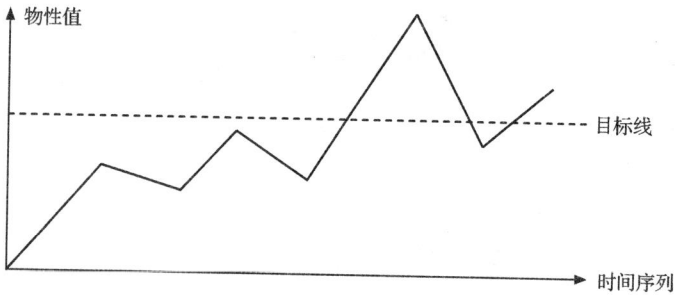

图6-8 折线图基本图形

3）折线图的图形说明。直角坐标中，横坐标表示时间序列，纵坐标表示特性值，图形中的对应折线表示特性随时间变化的趋势。

4）折线图的绘制程序：

收集需统计的数据；

在横坐标上确定出等间隔的时间位置,在纵坐标上确定特性值的变化区间;

把特性值点在坐标的相应位置上;

连成折线图。

5)折线图使用时经常出现的问题

图中未表示出特性值的波动差异(纵坐标确定得不恰当);

小组应从折线的变化趋势上考虑选择活动课题;不应仅凭一个数据点进行判断;

把标出目标线的折线图误叫做"控制图"。

(3)饼分图:

1)原理:"总体与其组成部分比率关系的图示"。

2)基本图型见图 6-9。

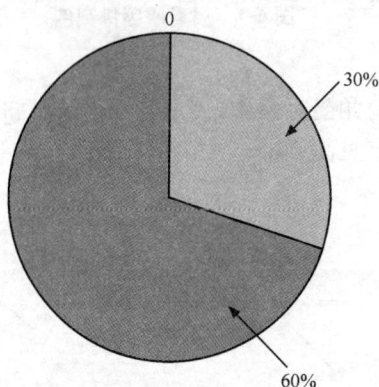

图6-9 饼分图基本图形

3)绘制程序:

确定统计的总体;

确定构成总体部分的类别;

总体为"100%",计算各部分的分类比率;

画图:一般按比率高低,从圆的零点方向右旋排列;

标注。

4)经常出现的问题：

图中的分类不属于同一科目，与统计总体不对应；

总体的数据太少，统计后的比率关系不能反映实际状态；

使用时把"饼分图"与"排列图"混淆（QC 小组使用饼分图选择课题时，不一定选占比率高的项目，而使用排列图选择课题时，就一定要选择排列图的高比率项目）。

（4）矩阵图：

1)原理：以矩阵的形式分析因素组之间对应关系的图形（因素组与主题是系统关系）。

"L"组：L_1、L_2、L_3、$\cdots L_N$

"R"组：R_1、R_2、R_3、$\cdots R_N$

我们把"L"、"R"两个因素组，呈一个对应关系，用横行和纵列在直角坐标上表示的矩阵图叫"L 型矩阵图"。"L 型矩阵图"是基本形矩阵图。

2)矩阵图的五种类型

"L"型：两个因素组，一个对应关系；

"T"型：三个因素组，两个对应关系；

"Y"型：三个因素组，三个对应关系；

"X"型：四个因素组，四个对应关系；

"C"型：三个因素组，三维空间关系。

3)矩阵图基本图形（L 型矩阵图）见图 6-10。

4)矩阵图的绘制程序：

确定要分析的因素组；

选择适当"型"的矩阵图；

对因素的对应关系进行分析，确定他们之间的关系程度（必要时收集数据进行分析）；

关系程度大的用"○"表示，关系一般的用"×"表示，无关系的不表示；

需要时可作加权分析，计算加权分数。

L \ R	R_1	R_2	R_3	R_4		R_N	
L_1							
L_2							
L_3							
L_4							
L_N						○	

图 6-10　L 型矩阵图

5)矩阵图使用经常出现的问题：

因素组内的项目不是同一层次；

因素组之间的相关关系不明显；

QC 小组使用矩阵图选择课题时没有关注矩阵图中的着眼点；

在进行矩阵分析时不是独立地考虑要分析的对应因素,而是将所有相关因素一起考虑。

(5)雷达图：

1)原理：它是模仿电子雷达发射形式,用于对目标完成情况的检查或评价的图示。雷达图适用于多目标的管理(至少 3 个以上)。雷达图上的分项目标可以是系统关系,也可以是互相独立的。

2)基本图示形见图 6-11。

3)图型说明：

在极坐标上绘制；

射线数目按目标数目确定；

射线等分圆周；

图中的三个等分圆与射线相交,把图分为 A、B、C 三个区域：A 为理想水平,B 为平均水平,C 为不理想水平；

不规则的多边形表示目标状态。

4)雷达图绘制程序：

收集所要分析的数据；

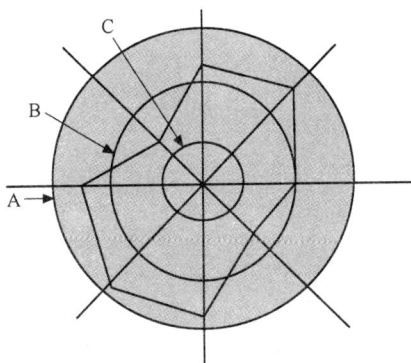

图 6-11　8 个目标的雷达图

把数据进行分类确定射线数；

画极坐标确定 A、B、C 区间；

明确分析类别区间的对应值；

将数据填入极坐标图。

根据分析目的将相关点连接成不规则多边形；也可以按分析间隔再做多边形进行对比；把未达到平均水平的项目确定为课题。

5)经常出现的问题

分析的数据未量化，只是定性描述其特性，难以对比；

未把理想状态安排在"A"区交点（把小数据都安排在"C"区交点，把大数据都安排在"A"区交点）；

把雷达图与折线图混淆（把 360°极坐标确定为时间线，记录特性值的变化，还称折线图）。

以上五种统计方法在选择课题的时候经常使用，尤其是排列图、折线图、饼分图用得更多一些。

2. 现状调查经常使用的统计方法

(1)调查表。用来系统地收集资料和积累数据，确认事实并对数据进行粗略整理和分析的统计图表。

1)应用程序：

明确收集资料的目的；

确定为达到目的而需收集的资料；

确定分析方法和负责人；

设计表格（内容要包括收集地点、时间、方式、调查者等）；

表格试用、修改、确定。

2)种类：

不合格品项目调查表；

缺陷位置调查表；

质量分布调查表；

矩阵调查表：

不合格品项目调查表见表 6-2

表 6-2　插头焊接不合格项目调查表($N=4870$)

序号	不合格项目	数　量	累计数量	累计百分比（%）
A	插头槽径大	3367	3367	69.14
B	插头假焊	521	3888	79.84
C	插头内有锡	382	4270	87.69
D	绝缘不良	201	4471	91.82
E	芯线未露出	156	4627	95.02
F	插头焊花	120	4747	97.48
G	其他	123	4870	100

缺陷位置调查表见表 6-3。

表 6-3　喷漆缺陷调查表

型号:KJ281　　生产日期:2012 年 6 月 8 日　　作业人:鲁梅　　调查人:二妮

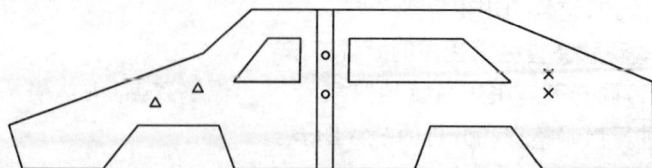

质量分布调查表见图 6-12。

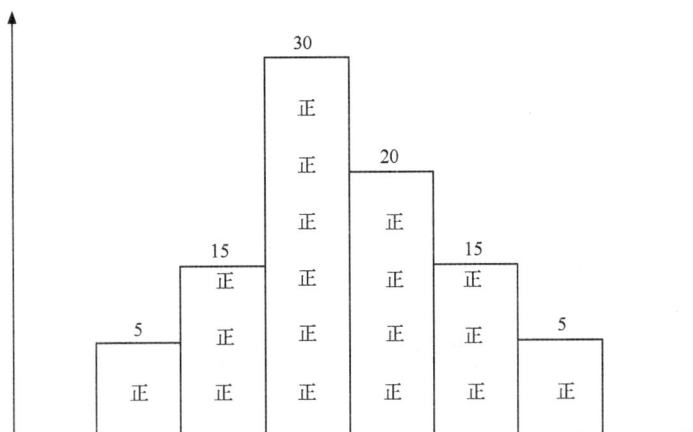

图 6-12　质量分布调查表

矩阵调查表见表 6-3。

表 6-3　矩阵调查表

R \ L	L_1	L_2	L_3	L_4	—	L_n
R_1						
R_2						
R_3						
R_4						
—						
R_n						O

（2）分层法。质量波动的原因是多种多样的,收集到的质量数据带有综合性。我们使用分层法对综合的数据进行整理,可以更客观地反映事实。分层法往往和其他统计方法(如:分层排列图、分层控制图等)合并使用。

1)分层法的原则。层内数据波动尽可能地小,层间的数据波动尽可能地大。

2)分层标志：

人员：年龄、级别、性别等；

机器：类型、生产线、新旧程度等；

材料：产地、规格、厂家等；

方法：工艺、操作方法、速度等；

测量：设备、人员、方法等；

时间：班次、日期等；

环境：照明、温度、湿度等；

其他：地区、部位、缺陷内容等。

3)应用程序：

收集数据；

选择分层标志；

将数据按层归类；

画分层归类图。

[例 6-1]　某汽车发动机装配车间，经常发生气缸垫漏油不合格。经调查：现场由张、王、李三位师傅操作；三位师傅各有各的操作方法；缸垫的供方是甲、乙两家，共生产 50 台产品。我们分别使用两种分层法：一是在缸垫供方忽略的情况下，以操作者为分层标志；二是操作者忽略的情况下，以供方为分层标志。结论见表 6-4、表 6-5。

表 6-4　按操作者分层

操作者	漏油	不漏油	漏油率(%)
王师傅	6	13	32
李师傅	3	9	25
张师傅	10	9	53
合计	19	31	38

表 6-5　按供方(生产厂家)分层

供方	漏油	不漏油	漏油率(%)
甲厂	9	14	39
乙厂	10	17	37
合计	19	31	38

如果改成为综合分层方式,就会得到新的结论。综合分层统计结果见表 6-6。

表 6-6　综合分层

操作者	项目	甲厂缸垫	乙厂缸垫	合计
王师傅	漏油	6	0	6
	不漏油	2	11	13
李师傅	漏油	0	3	3
	不漏油	5	4	9
张师傅	漏油	3	7	10
	不漏油	7	2	9
合计	漏油	9	10	19
	不漏油	14	17	31
总计		23	27	50

从表 6-6 的结果可以看出:

王师傅的操作方法,在装乙厂缸垫的时候不漏油;

李师傅的操作方法,在装甲厂缸垫的时候不漏油;

张师傅的操作方法,装哪个厂的缸垫都漏油,必须改进。

(3)现状调查时也可以使用数理统计的方法(如画正字的质量分布调查表)。

3. 设定目标经常使用的统计方法

图 6-13 为常用的柱型图

分析原因常用的统计方法如下。

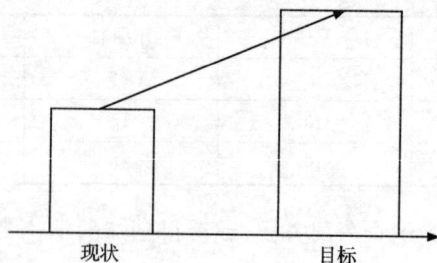

图 6-13　柱型图

(1)因果图：

1)原理：用头脑风暴法,针对发生问题的现场,首先考虑"人、机、料、法、环、测"的过程要素,以此展开思维,把有可能产生问题的潜在原因都考虑到,按照因果的逻辑关系整理出来的统计图形。

2)适用情况。单一目的、因素不交叉情况下,四层以内因果分析语言资料的整理。

3)基本图形见图 6-14。

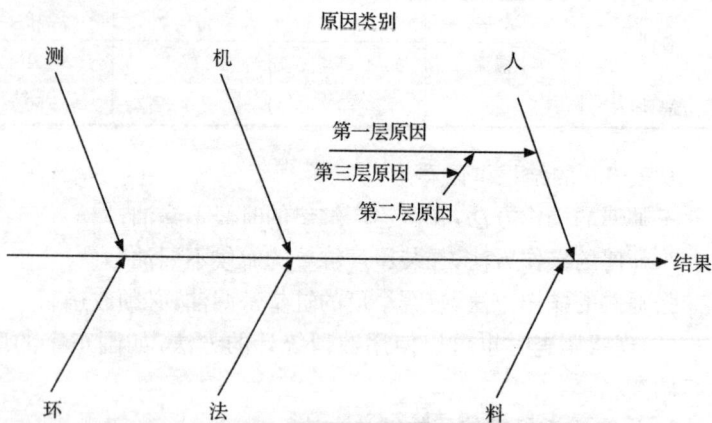

图 6-14　因果图基本图形

4)因果图中因果关系正确的表示：

结果：30件不合格品（见图6-15）；

原因类别：设备：①第一层原因为主轴窜动；②第二层原因为止推轴承烧毁；

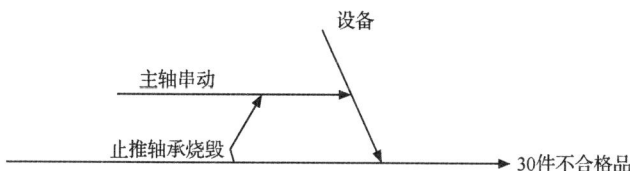

图 6-15　因果关系的正确表示

5)绘制因果图时出现"包容"情况下的处置见图6-16。

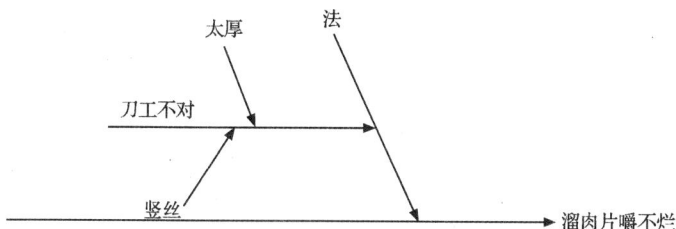

图 6-16　出现"包容"情况下的处置

刀工不对包容"太厚"和"竖丝"两个内容。

[**例6-2**]　技术部张小刚是进厂三年的大学生。招聘时，人力资源部说："小张学习成绩好，要求进步，是个有前途的好苗子。"刚进厂时，小张非常守纪律，从来不迟到，为了保证按时出勤还买了自行车和小闹钟。可是，近年来小张经常迟到，有一次最长迟到1个小时。请做因果图分析原因。

做出的因果图见图6-17。

做因果图中，虽然要求小组进行多方面的考虑，要从人、机、料、法、环、测各方面去分析，但要看实际情况，不一定要包括所有方面。

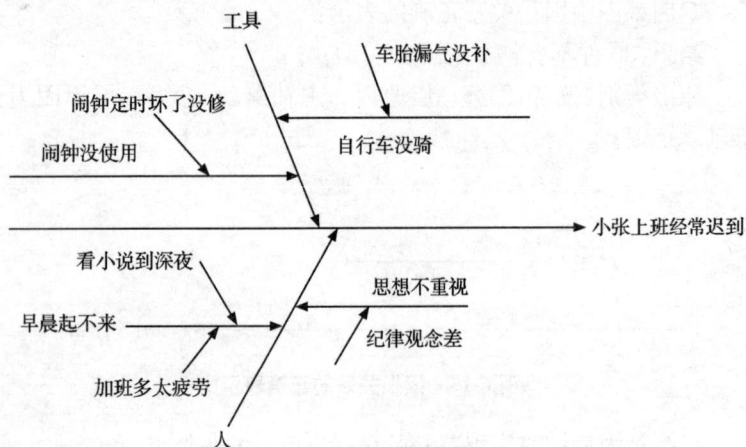

图 6-17　小张经常迟到的因果图

(2)树图:

1)原理:树图是表示"某一主题与其组成要素关系"的图示。

2)树图的两大类型:

宝塔型树图(结构型树图)垂直向下展开,表示主题与要素之间的结构包容关系;

侧向型树图(单向展开型树图)向右方展开,表示主题与要素之间的因果关系或目的手段之间的关系

3)宝塔型树图见图 6-18。

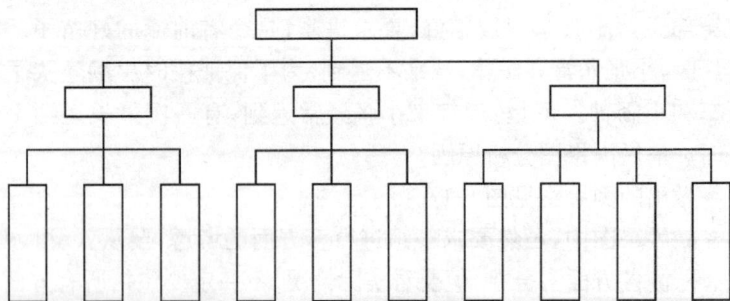

图 6-18　宝塔型树图

4)侧向型(单向展开型)树图见图 6-19。

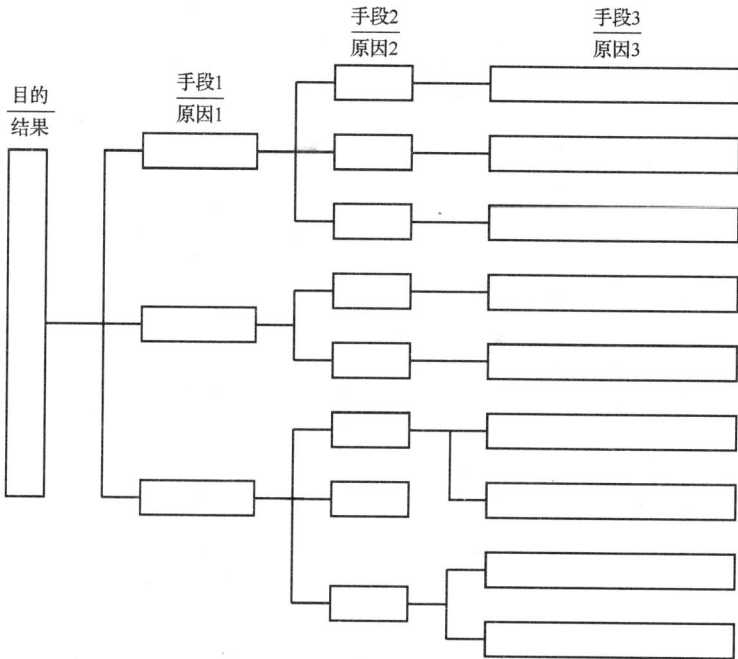

图 6-19　侧向型(单向展开型)树图

5)QC 小组活动时使用树图的场合：

问题解决型课题,在原因分析时使用侧向型树图做因果的逻辑分析展开；

创新型课题,在提出方案和确定最佳方案时使用树图建立设计树(方案确定)。

[例 6-3]　妞妞为什么胖的树图分析案例。

14 岁的女孩妞妞体重 88kg,小肚鼓鼓的,爷爷说他是天生的,奶奶说他是吃的,妈妈说她少运动,爸爸认为都有可能,他们做一张树图分析妞妞小小的年纪为什么那么胖(见图 6-20)。

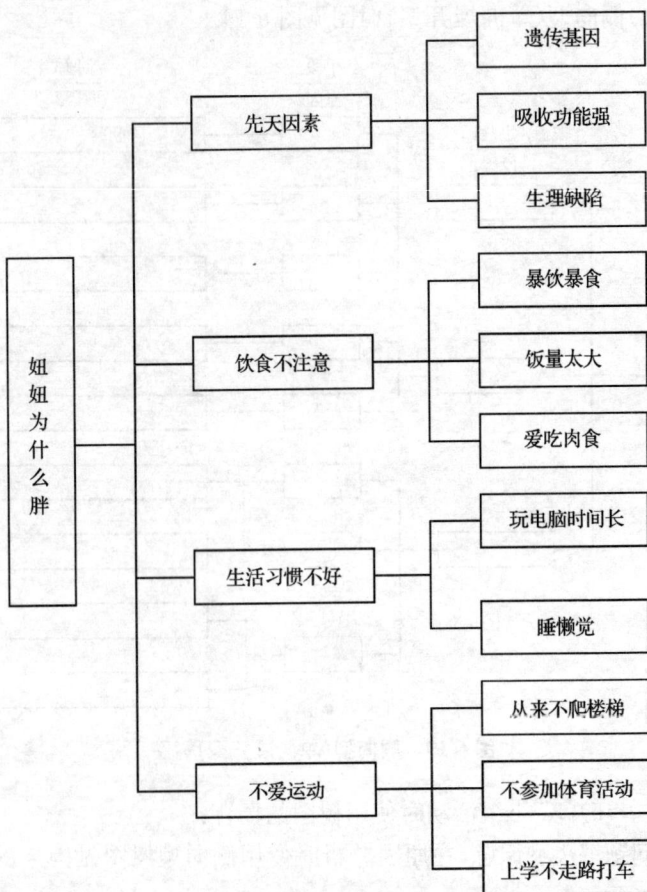

图 6-20　妞妞为什么胖的树图分析

在图 6-20 中删去不可抗拒的因素,留下小组能解决的内容,重新整理的树图见图 6-21。

[**例 6-4**]　在末端因素中如何确认主要原因的案例。见表 6-7。

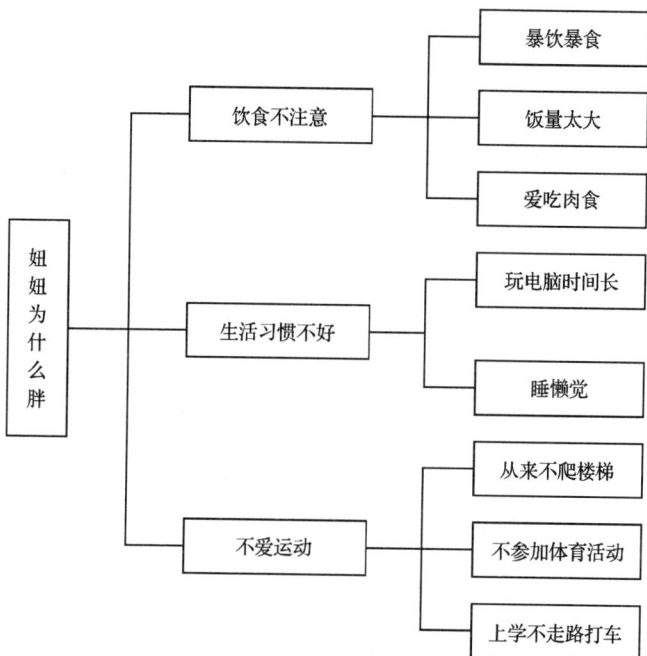

图 6-21　去掉不可抗拒的遗传因素后的树图

表 6-7　在末端因素中确认主要原因

末端原因	确认方法	测量、实验结果	是否可确认为主要原因
从来不爬楼梯	做 10 天回家登楼观察	家住五层,有电梯可选择使用,10 天有 40 次使用机会,观察使用 40 次 100％坐电梯	确认为主要原因
不参加体育活动	问体育老师、查体育成绩、询问同学	2008 年所有体育课均以各种借口请假连续三年体育课不及格。课外体育活动从来不参加	确认为主要原因
上学不走路,打车去学校	向同学询问、调查	学校离家 1.5km 10 天有 40 次上下学的走路机会,经调查和询问有 34 次打车	确认为主要原因

(3)关联图：

1)原理：对多目的或因素交叉时分析原因，整理语言资料的图形。

2)适用情况。适用于 QC 小组面临较复杂的解决型课题时用头脑风暴法进行原因分析，用关联图整理语言资料，可绘制中央集中型关联图、单项集约型关联图、应用形关联图，以适用于各种使用情况。

3)中央集中型关联图基本图形见图 6-22。

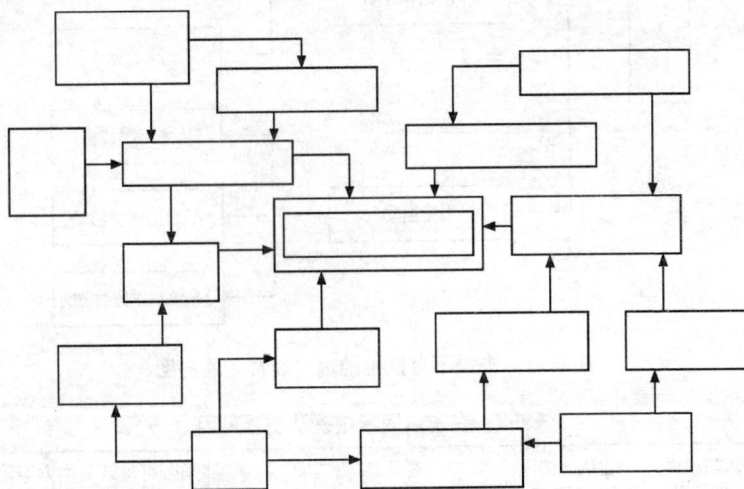

图 6-22　中央集中型关联图基本图形

4)关联图案例 1 见图 6-23。

5)关联图案例 2 见图 6-24。

6)中央集中型关联图末端因素的确认。箭头有出无进的原因是末端因素。对原因分析时的所有末端因素逐一进行确认，从中寻找造成问题的主要原因。

4. 确定主要原因时经常使用的统计方法

常用的统计方法主要有统计表、数据记录表。必要时，可使用

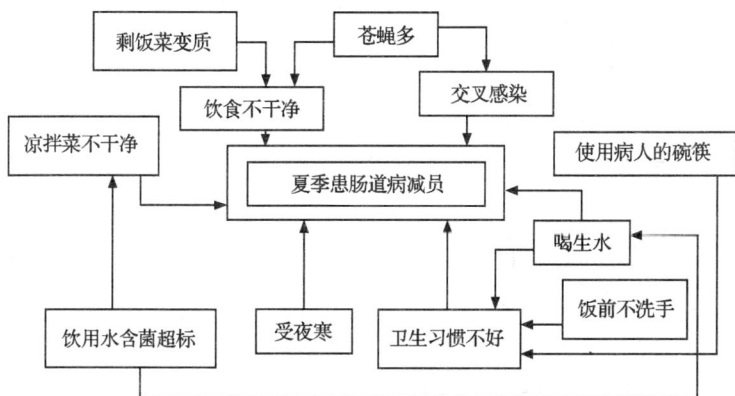

图 6-23 夏季患肠道病减员关联图

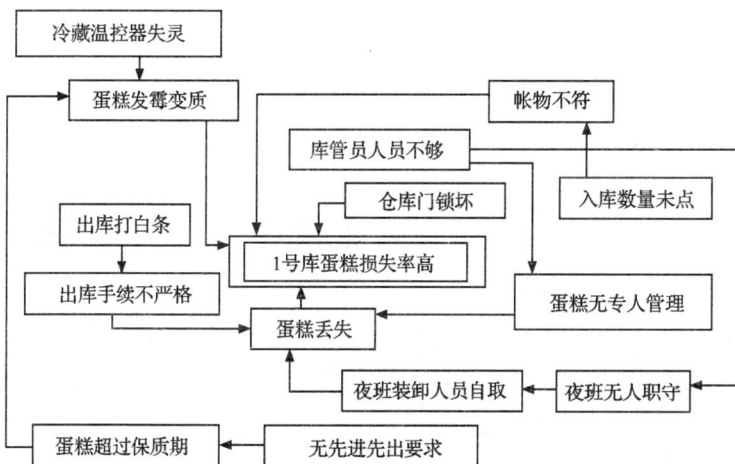

图 6-24 1号食品库蛋糕损失率高关联图

散布图法、分析相关系数。

用方差分析的方法寻找对结果影响显著的成分。

5. 创新型课题提出方案确定最佳方案经常使用的统计方法

(1)亲和图：

1)原理：是把收集到的有关某一特定主题的意见、观点、想法和问题,按照它们之间的亲近程度加以归类汇总的一种图。

2)用途。把头脑风暴法产生的语言资料进行整理,产生观点、提出方案。

3)亲和图的绘制程序：

提出主题；

制作语言资料卡片(一个观点一张)；

把卡片随机地放在一起；

按照它们的亲近程度归类；

确定一张能覆盖卡片的卡片标签；

对卡片标签再进行亲合,再做标签；

绘制亲和图。

4)亲和图的基本图形见图 6-25。

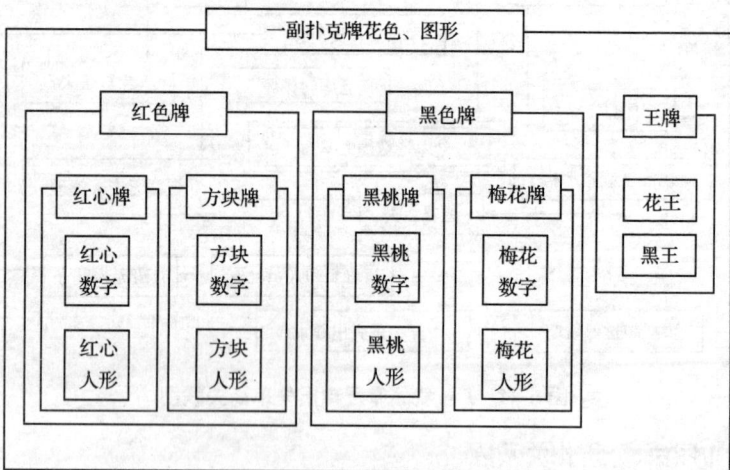

图 6-25　一副扑克牌花色、图形亲和图

5)亲和图案例见图 6-26、图 6-27。

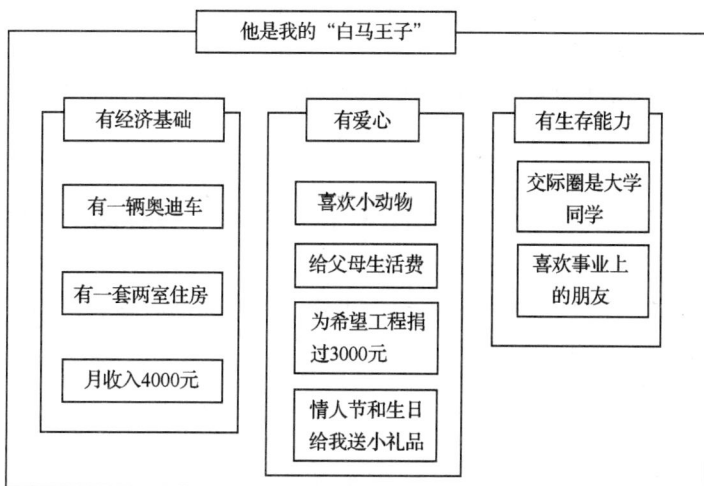

图 6-26　他是我的"白马王子"亲和图

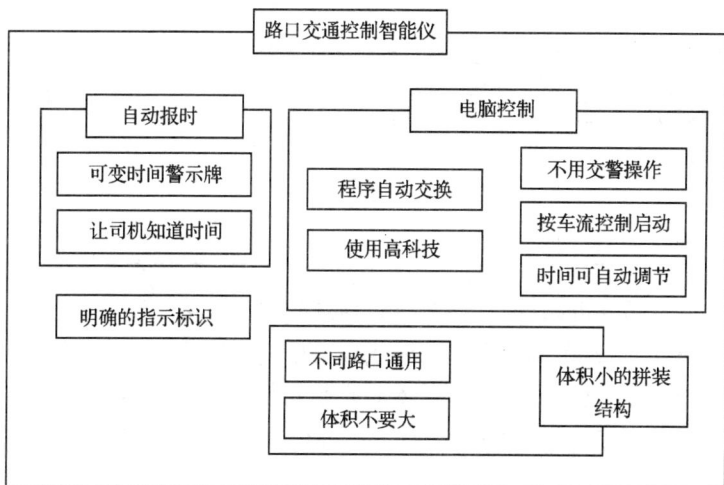

图 6-27　路口交通控制仪研发方案亲和图

6) 亲和图和树图的综合使用。

用亲和图整理语言资料把产生的观点和设计方案用"树图"进行系统的展示。

创新型课题的方案评价实际上是对各种方案树进行树与树之间的可行性和经济性的评价，进行树的选择。

(2) 矩阵评价 01 法：

1) 原理：在矩阵图中使用 0 或 1 的两种选择对同类问题进行排它性的评价，明确选择的着眼点。

2) 使用范围。对于近似同等重要的因素或都需要解决的问题，如何进行着眼点的选择。

3) 矩阵 01 评价法的案例：

案例 1：女孩选择男朋友"有住房汽车、小伙帅气足、工资收入高、无家庭负担、知道心疼人"都是要考虑的因素。使用矩阵 01 评价法针对女孩的具体情况如何选择个人择偶的关注要点。

表 6-8　女孩择偶关注点矩阵 01 评价表

特性											分值			
有住房汽车	1	1	0	0							2			
小伙帅气足	0				0	1	0				1			
工资收入高		0			1			1	0		2			
无家庭负担			1			0		0		0	1			
知道心疼人				1			1		1	1	4			

由表 6-8 可知，该女孩把"知道心疼人"作为关注要点。

案例 2：矩阵 01 评价法的使用案例。某织布厂评价本单位的产品，并进行标注条码。评价的着眼点是布料性能（见表 6-9）。

评价的结论：拟开发的新产品要在 1908 产品的基础上加强柔软性的研制。

4) 矩阵加权评价的案例。新型课题提出 5 种方案取得实验数据后，对 5 种方案进行评价选择。加权分 5、4、3、2、1，不得分为 0（见

表 6-10)。

表 6-9　布厂产品矩阵 01 评价表

布品编号	耐酸	耐洗	收缩	柔软	耐火	强度
0812	1	1	1	0	0	1
9867	0	1	0	1	1	1
2431	1	0	1	1	1	1
2546	1	0	0	1	0	0
1908	1	1	1	0	1	1
0818	1	1	1	1	1	0
新产品	1	1	1	1	1	1

表 6-10　5 个方案的矩阵评价选择

项目	安全性	可行性	经济性	互换性	得分
方案 1	5	4	3	3	15
方案 2	5	2	4	4	15
方案 3	4	5	4	3	16
方案 4	4	5	5	5	19
方案 5	3	3	2	1	9

结论:选择方案 4 为最佳方案。

6. 制定对策时使用的统计工具

制定对策的统计方法是对策表。编制的对策表要满足标准样表要求,此步骤只有这一种统计方法(见表 6-11)。

表 6-11　问题解决型课题对策表案例

要因	对策	目标	措　施	完成日期	责任人	实施地点
压力低	加大气压	3.5MPa	(1)更换密封条 (2)更换气嘴	3 月 12 日	夏雨	铸造车间

7. 对策实施过程中常用的统计工具

对策实施常用的统计方法是根据课题的具体情况而选择的,下面介绍的 6 种统计法,各小组可以根据课题的要求选择使用。

(1)过程决策程序图:

1)原理:过程决策程序图也称谓"PDPC"法,它是使用预测科学和系统论对实现理想目的进行多方案设计,并在实施中根据动态结果果断调整方案的管理方法。

在 QC 小组活动的对策实施阶段经常使用。

使用条件:

对策启动后,不能重新开始;

对策结果是未知领域或活动结果为不确定的情况下;

比较难的对策,必须进行"PDPC"。

2)过程决策程序图基本图形见图 6-28。

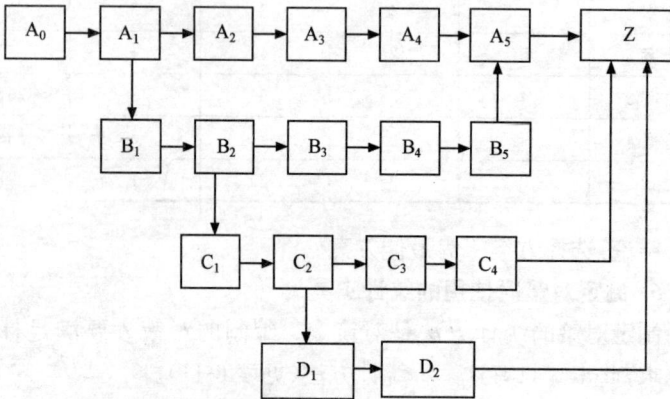

图 6-28 过程决策程序图基本图形
(初始状态用"A_0"表示;理想目的用"Z"表示)

3)程序:

对策负责人先设计最理想的实施方案;

小组用否定法对方案的每个活动进行否定设想,并提出调整方案；

对策负责人绘制 PDPC 图；

每个方案都进行必需的物资准备；

对策负责人是调整方案的指挥员,确立必须的信息沟通方式和通讯联络系统；

实现对策的理想目的,只实施了一个可行方案。

4)案例：

案例1：重要病人肿瘤手术过程的决策程序图见图 6-29。

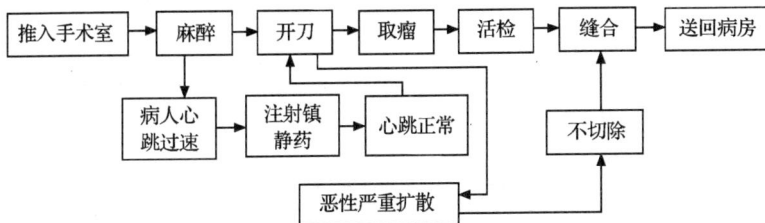

图 6-29　重要病人肿瘤手术过程决策程序图

案例2：八点上班不迟到决策程序图见图 6-30。

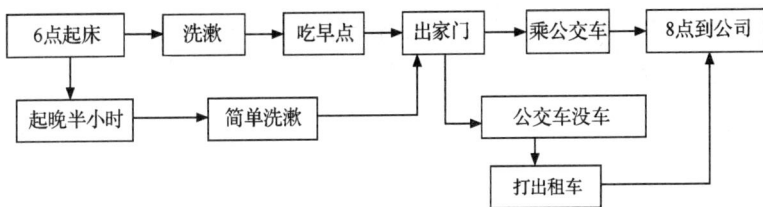

图 6-30　八点上班不迟到决策程序图

案例3：老板说："刘处长,你要想尽一切办法,一定把合同拿下来"。刘处长说："老板！放心等好消息吧！刘处长绘制了过程决策程序图(见图 6-31)。

案例4：钻井作业的过程决策程序图见图 6-32。

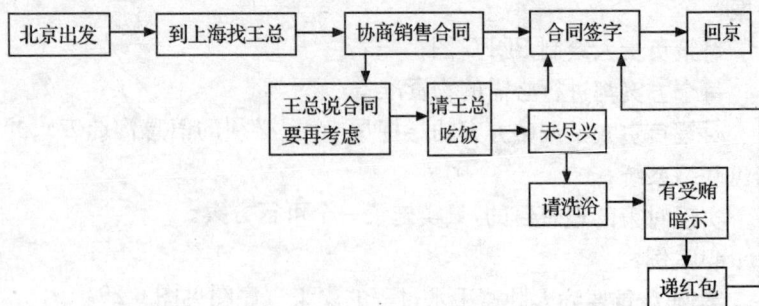

图 6-31　取得合同决策程序图

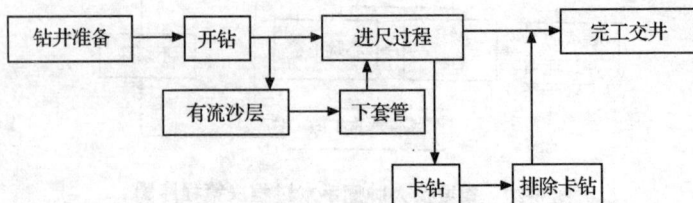

图 6-32　钻井作用过程决策程序图

5)PDPC 法逆向思维可用于新产品的设计和开发。从理想目的 "Z",用否定法进行质疑,反推最佳初始状态 "A_0"(见图 6-33)。

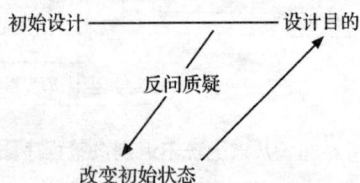

图 6-33　反推初始状态

玻璃器皿的运输破损率高达 30%,小组的朋友想设计新的包装器材设计见图 6-34。

包装箱使用 PDPC 法反推的最佳设计见图 6-35。

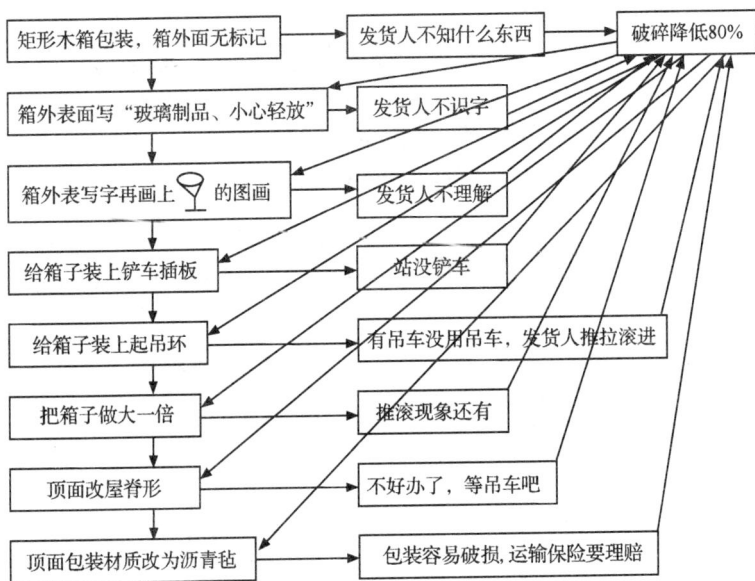

图 6-34 玻璃器皿运输包装箱设计

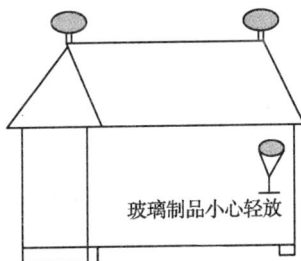

玻璃制品小心轻放

图 6-35 玻璃器皿包装箱反推的最佳设计

(2)箭条图(矢线图):

1)原理:对工程中必须的作业进行统筹安排,采用先行、后续、平行、交叉的作业方法安排作业顺序,实现提高工作效率或工程进度的目的。

四种作业方式如下:

先行作业:本作业未完成下个作业不能开始的作业;

后续作业:上个作业未完成本作业不能开使的作业;

平行作业:作业之间互不影响可同时进行的作业;

交叉作业:前两个作业都完成后才能开始的作业。

2)以沏茶为例的箭条图基本图形

把"烧水"和"洗茶壶、拿茶叶"安排为平行作业,把烧水后和拿茶叶安排为交叉作业,这样,工期就可以缩短 3min(总工时 21min,箭条图最短工期 18min,见图 6-36)。

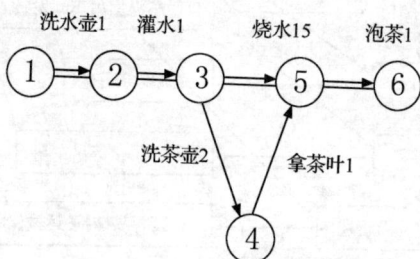

图 6-36 沏茶的箭条图(单位:min)

3)双结点表示法的箭条图符号。

(a) A 作业是先行作业
B 作业是后续作业

(b) 一对结点只能表示一个作业

(c) A 和 B 是平行作业

(d) 不占工时的虚作业

(e)环行作业

环行作业的表示方法是非常错误的(环行作业不知从何哪个作业开始做)。

96

4)箭条图绘制程序：

确定工程必须的作业；

确定每个作业所必须的工时；

安排先行、后续、平行、交叉作业的先后顺序(不考虑参加过程的人员数量)，绘制箭条图；

从始点到终点"查线"，把作业工时累积值最长的线确定为"主要矛盾线"，主要矛盾线的总工时为"工期"；

向主要矛盾线要工期，向次要矛盾线要节约挖潜。

5)案例。某工程要求：路面改造为铺花岗岩、照明暗线走地下、绿化街道同时完成，交工不得超过60天。

某道桥施工公司为提高效率绘制了如图6-37所示的箭条图。

明确作业及作业时间

设计及交底 ①→②	10	安装地下灯线 ④→⑥	5	装照明灯 ⑥→⑦	5	通讯线路 ④→⑥	5
石材定货 ①→③	15	市政施工 ④→⑤	6	标识设置 ⑨→⑪	5	回填土方 ⑤→⑦	3
石材运输 ③→⑦	5	铺设路面基 ⑦→⑨	20	铺花岗岩路面 ⑨→⑫	7	破土开槽 ②→④	7
绿化装饰 ⑨→⑩	6	竣工验收 ⑫→⑬	2	虚作业 ⑧———⑤ ⑩———⑫ ⑪———⑫			

路面改造施工箭条图(工期55天)

(3)价值工程法。开展降低成本的质量管理活动，应从价值的概念入手。

$$价值V = \frac{功能F}{成本C}$$

用树图的方法进行功能分析，做功能展开，确定可使用的代用材料，在确保功能的基础上降低成本，提高价值。

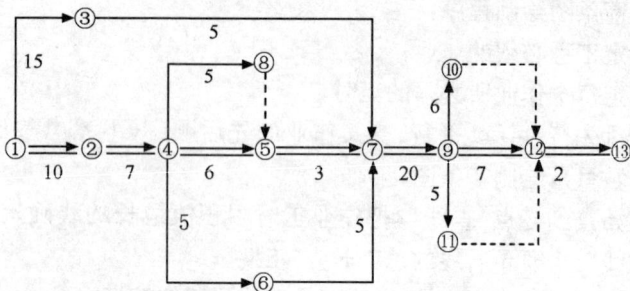

图 6-37　某工程施工箭条图

提高价值的途径如下：

成本不变,功能提高;

功能不变,成本下降;

功能提高,成本下降;

功能大提高,成本略提高;

功能略下降,成本大下降。

(4)流程图法。将过程用图的方法表示出来。

1)流程图基本图形见图 6-38。

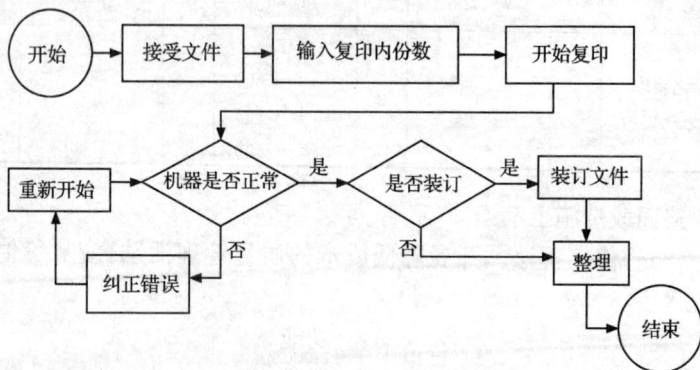

图 6-38　流程图基本图形

2)图形符号见图 6-39。

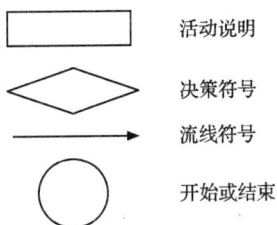

图 6-39　流程图图形符号

3)几点注意：

"活动"是实物流动和信息流动的有序结合；

提高效率是减少信息流对实物流的阻滞；

克服"瓶颈"工序的阻流；

确定"信息流"对"实物流"的超前度。

4)案例。第一次乘火车外出，特别想了解的乘火车流程图见图 6-40。

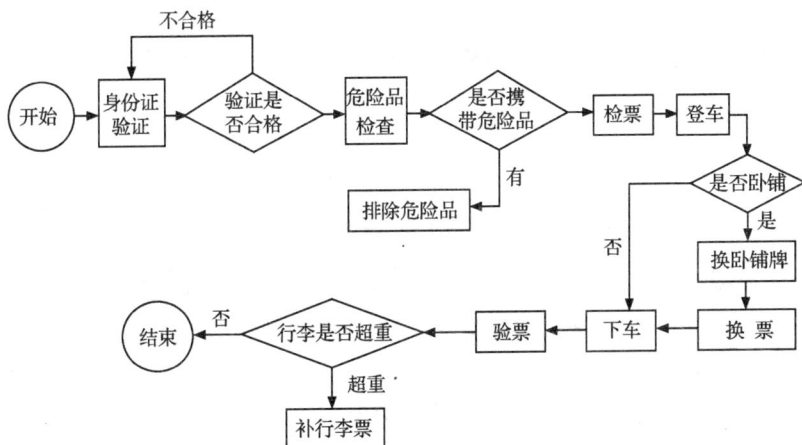

图 6-40　乘火车的流程图

(5)0.618法(黄金分割点法)。是在其他过程参数固定的情况下,对某一个过程参数进行优选的方法。

程序如下:

确定被选择过程参数的实验区间;

把区间正反方向的两个0.618处作为第1、第2实验点,进行实验;

对比两次实验结果,留住"好点"所在的0.618范围,再按0.618的方法选择实验点;

数次后,即可得到最佳参数。

白酒喝多少最"美"的0.618法实验案例见图6-41。

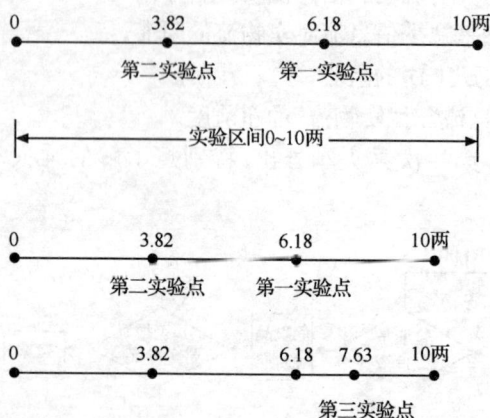

图6-41 白酒喝多少最"美"的0.618法实验

第四实验点与第一实验点重合(相当于用0.618翻跟头)。

(6)正交实验法。对造成结果的多个过程参数进行优选,确定最佳过程参数。

使用现成的"正交表"安排实验方案。

1)正交表:

例: $L_8(2^7)$

L:正交表的代号;

8：按本正交表做实验只要做 8 次实验；

2：参加实验的每个因素可安排 2 个实验水平；

7：按次表可安排 7 个因素参加实验。

2）正交性。整齐可比、均衡分散；每个纵列出现的实验水平次数一样；任意两列搭配的机会也是均等的。

$L_8(2^7)$ 为常用的正交表之一（见表 6-12）

表 6-12　$L_8(2^7)$ 正交表

列号 试验号	1	2	3	4	5	6	7
1	1	1	1	2	2	1	2
2	2	1	2	2	1	1	1
3	1	2	2	2	2	2	1
4	2	2	1	2	1	2	2
5	1	1	2	1	1	2	2
6	2	1	1	1	2	2	1
7	1	2	1	1	1	1	1
8	2	2	2	1	2	1	2

3）应用程序：

确定考察的结果（定量值）；

确定参加考察的因素数；

确定每个需考察因素的实验水平；

选择合适的正交表；

安排实验方案；

按实验方案进行实验；

计算"实验水平和"和"水平和的极差"；

展望好配合或做趋势分析；

确定最佳过程参数。

4)使用口诀：

因素顺序上列；

水平对号入座；

横着做实验。

5)注意事项：

表大了可以裁掉任意列；

不参加实验的因素要相对稳定；

不满足一次正交实验的结果，要跟踪好的实验条件。

6)正交实验法案例：

步骤如下：

①明确实验目的，如提的 XX 产品的产率。

②确定考察目标。用数据表示、可测量对比的定量值，如产率、黏稠度、光洁度、颜色、疤痕、气孔等。

③挑因素、选水平制定因素水平表：

a. 确定参加实验的因素(不怕多、不参加实验的因素要稳定其实验状态)。

b. 选水平。即确定参加实验的比较条件。如：

反应温度　第一水平是 700℃；

　　　　　第二水平是 750℃。

反应时间　第一水平是 4h；

　　　　　第二水平是 6h。

原料等级　第一水平是"A"级；

　　　　　第二水平是"C"级。

c. 制定因素水平表(见表 6-13)。

表 6-13　因素水平表

因素	反应温度	反映时间	原料等级
水平 1	700	4	A
水平 2	750	6	C

④编制实验计划（见表 6-14）：

a. 选择合适的正交实验表（表大了可剪裁使用）。

b. 因素顺序上列、水平对号入座、横着做实验

表 6-14　实验计划

因素	反应温度	反应时间	原料等级
列号	1	2	3
实验号			
1	1(700)	1(4)	1(A)
2	2(750)	1(4)	2(C)
3	1(700)	2(6)	1(A)
4	2(750)	2(6)	2(C)

c. 确定实验方案（见表 6-15）。

表 6-15　实验方案

第一方案	700	4	A
第二方案	750	4	C
第三方案	700	6	C
第四方案	750	6	A

⑤做实验。

⑥实验结果分析（见表 6-16）：

a. 直接看：

2、1、2　　　　750℃；　　4h；　　C 等级。

b. 算一算：

与 2、1、2 的结果一致。

c. 趋势图分析（见图 6-42）。

表 6-16　实验结果分析

因素	实验计划			实验结果
	反应温度	反应时间	原料等级	
列号	1	2	3	
实验号				
1	1(700)	1(4)	1(A)	62
2	2(750)	1(4)	2(C)	86
3	1(700)	2(6)	1(A)	70
4	2(750)	2(6)	2(C)	70
第一水平和	132	148	132	
第二水平和	156	140	156	总和 288
极差	24	8	24	

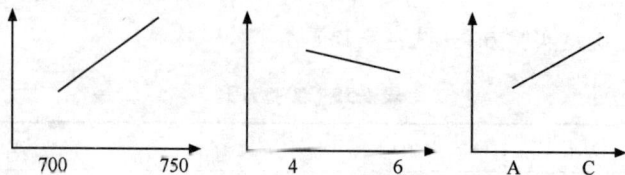

图 6-42　趋势图

一定要把实验做完,否则无法分析实验结果。

多次选择后,确定最佳参数好配合。

本书共推荐 22 张正交表供大家使用选择。

8. 效果检查时经常使用的统计工具

柱状图(柱状图见本章第二节);

与设定目标使用的统计工具相对应的对比图示;

用控制图进行成果巩固期的监视控制。

9. 巩固措施经常使用的统计工具

纳入企业管理标准,包括技术标准,管理标准;

作业指导书的修订;

新树图或新流程图的建立(树图、流程图见本节)。

10. 总结和下一步打算经常使用的统计工具

使用雷达图对小组本身的素质(团队意识、进取精神、解决问题的能力、统计知识等)进行评价;

使用柱形图对小组取得的其他方面的效果进行评价;

使用数据对小组所取得的其他方面的效果进行表达。

第二节 QC小组常用的数理统计方法

"3σ原理":把产品质量控制在$\pm 3\sigma$的范围,使产品超出控制范围的机会只有3‰。按照这一法则进行质量控制的原理称为"3σ原理"。

我们按照"3σ原理"建立的常用的统计方法有直方图、控制图和散布图。

一、直方图

直方图是计量值数据显示统计样本质量分布的图形。

1. 原理

原理为"3σ原理"。

2. 基本图形

直方图基本图形见图6-43。

3. 直方图的绘制和样本平均值和标准偏差的计算

取100~250个数据为统计样本,在直角坐标系内,按等距离的区间,做频数直方图。

利用计算器进行"平均值"和"标准偏差"的计算(卡西欧计算器使用SD程序),再绘制直方图。

直方图常见的波动形态见图6-44。

4. QC小组用直方图选择课题

过程测评时,做出正常型直方图的情况下,如果标准偏差大于

平均值 $\overline{X}$

$n=$
$\overline{x}=$
$s=$

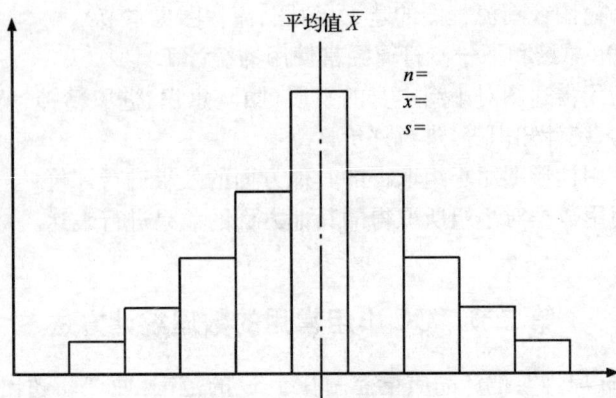

图 6-43　直方图基本图形

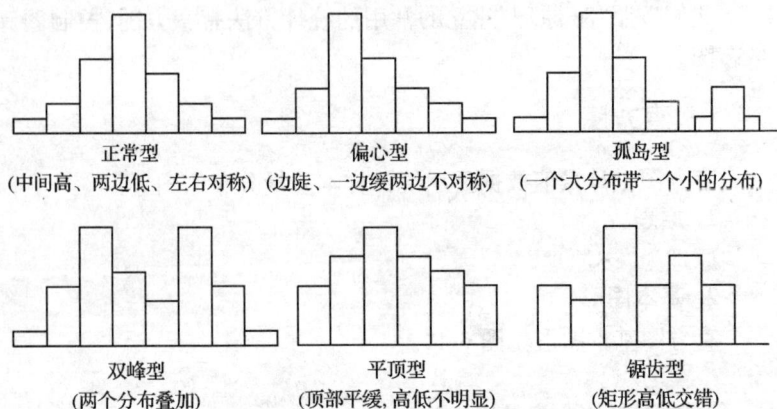

正常型
(中间高、两边低、左右对称)

偏心型
(边陡、一边缓两边不对称)

孤岛型
(一个大分布带一个小的分布)

双峰型
(两个分布叠加)

平顶型
(顶部平缓, 高低不明显)

锯齿型
(矩形高低交错)

图 6-44　直方图常见的波动形态

质量要求,可以选择活动课题。

　　过程测评时,做出偏向型直方图的情况下,要评审过程结果的单向性或生产习惯。

　　过程测评时,做出孤岛型或双峰型直方图的情况下,要对生产过程因素的变化进行分析,及时纠正、调整,可不按 QC 小组课题的方式进行质量改进。

过程测评时，做出平顶型直方图的情况下，必须成立 QC 小组进行质量改进活动，选择活动课题。

5. QC 小组用直方图进行现状调查和要因确认

现状调查时，收集 100 个以上数据，做直方图，看质量分布的规律性，推断过程是否处于受控状态。

现状调查时，从直方图的波动形态上直接观察，并结合现场的实际变化情况，推断"过程"的变化。

主要原因确定时，可采用稳定几个过程因素改变某个过程因素，看对 S 值的影响来进行。

6. 直方图的拓宽使用

当计数值的数据较多时，也可使用直方图的方法进行统计分析。

效果调查时，可使用直方图看"S"值是否减少，过程质量能力是否提高，来检查效果。

两个轮班生产的班组，在同等过程因素情况下进行生产活动，谁的"S"值小，谁的质量就好。

7. 案例

甲、乙二人在同一设备上，按照共同的作业指导书，轮班生产，每月每班取 75 个数据。把一个月取得的 150 个数据混在一起做直方图。

直方图的波动形态基本服从正态分布，说明甲、乙二人技术水平基本一致。

直方图的波动形态是双峰型，我们可判断他们在确定中心值时不一致，应进行纠正，使其一致。

当做出的直方图是平顶型时，应分别做甲、乙的直方图，看谁的"S"值大，谁的"S"值大谁的技术水平低。

甲、乙二人的曲线比较，乙曲线的 S 值大，乙的技术水平低（见图 6-45）。

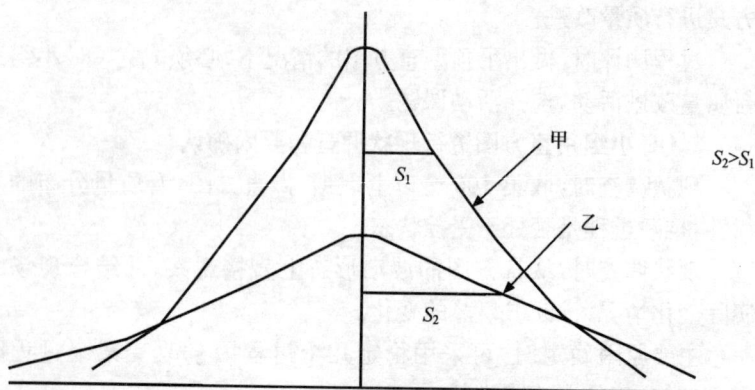

$S_2 > S_1$

图 6-45　甲、乙二人技术水平直方图

二、控制图

控制图也称管理图。它是用来监视过程是否受控的图表。波动分为正常波动和异常波动。正常波动是由随机原因产生的,是一种在预计界限内的随机出现的波动,这种波动不是质量管理中要控制的对象;而随机原因引起的异常波动是影响产品质量特性波动的主要方面,必须对其影响因素进行仔细认真的判别、分析,并使之处于受控状态,在质量管理中一定要控制异常发生。

1. 原理

计量值控制图必须控制两个质量特性,由控制样本集中位置的控制图和控制样本离散程度的控制图联合组成。

控制图是在过程充分标准化的受控状态下,对过程稳定性进行控制的统计工具。

正态分布的概念,对于"确定质量"非常有用,但我们还想"控制稳定的质量水平"。

"S"是对过程进行定量分析的基础数据,我们对"6S"可能控制的不合格率为 99.73% 的质量水平很赞同,是经济的波动幅度。

把 6S 作为控制区间设计控制图，是休哈特控制图的基本思想（见图 6-46）。

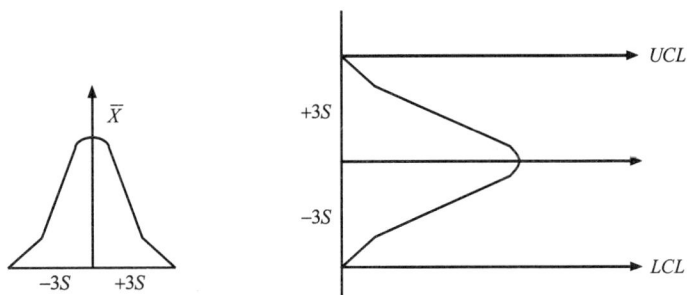

图 6-46　休哈特控制图原理示意图

2. 基本图形($\bar{X}$－R 控制图)见图 6-47。

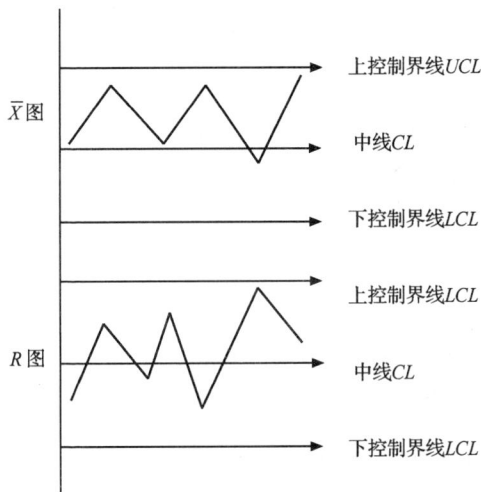

图 6-47　$\bar{X}$－R 控制图

3. $\bar{X}$－R 控制图的使用

用以下案例进行 $\bar{X}$－R 控制图的使用说明。

(1)数据统计表见表 6-17

表 6-17　数据统计表

序号	X_1	X_2	X_3	X_4	X_5	$X_{平均}$	极差 R
1	12	14	20	16	18	16	8
2	14	16	17	18	15	16	4
3	18	16	20	14	17	17	6
4	12	16	17	18	13	15.2	6
5	15	16	13	17	19	16	6
6	17	22	15	18	16	17.6	7
7	14	15	18	19	13	15.8	6
8	20	16	13	20	17	17.6	7
9	13	16	18	12	14	14.6	6
10	14	15	19	13	16	15.4	6
平均						16.12	6.2

(2)$\bar{X}-R$ 控制图的控制界限计算：

1)$\bar{X}$ 图的控制界限的计算公式：

中线(CL)＝样本平均值的平均值($\bar{X}$)

上控制界限 $(UCL) = \bar{X} + (A_2\bar{R})$

下控制界限 $(LCL) = \bar{X} - (A_2\bar{R})$

2)R 图的控制界限的计算公式：

中线(CL)＝极差的平均值 ($\bar{R}$)

上控制界限＝$D_4\bar{R}$

下控制界限－$D_3\bar{R}$

案例中数据表的控制界限计算如下：

$$(N = 5 \text{ 时}, A_2 = 0.577 \qquad D_4 = 2.115)$$

110

$\bar{X}$ 图
$$\begin{cases} UCL = 16.12 + 0.577 \times 6.2 = 19.7 \\ CL = 16.12 \\ LCL = 16.12 - 0.577 \times 6.2 = 12.54 \end{cases}$$

$\bar{R}$ 图
$$\begin{cases} UCL = 2.115 \times 6.2 = 13.1 \\ CL = 6.2 \\ LCL = 不计算 \end{cases}$$

(3)标注控制界限并绘制控制图,见图6-48。

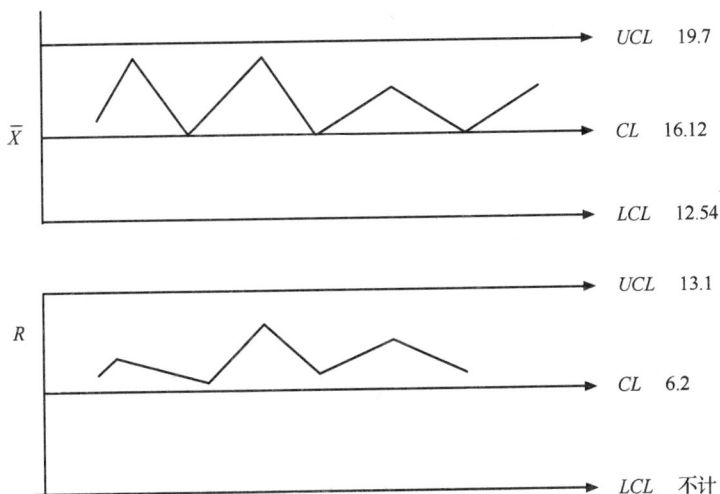

	UCL	19.7
$\bar{X}$	CL	16.12
	LCL	12.54
	UCL	13.1
R	CL	6.2
	LCL	不计

图6-48 控制界限与控制图

4. P 控制图(不合格率控制图)的使用

上控制界限计算公式为

$$\bar{P} + 3\sqrt{P(1-\bar{P})/N}$$

下控制界限计算公式为

$$\bar{P} - 3\sqrt{P(1-\bar{P})/N}$$

中线为 $\bar{P}$。

(1)P 控制图数据表见表 6-18。

表 6-18　控制图数据表

序号	N(产量)(台)	P(不合格率)(%)	备注
第一天	150	2.1	
第二天	180	2.2	
第三天	160	2.4	
第四天	200	2.2	
平均		2.225	

(2)按照公式和数据计算控制界限：

第一天的控制界限为

$$UCL = 2.225 + 3\sqrt{2.1(1 - 2.225)/150} = 2.225 + 0.39 = 2.615$$

$$LCL = 2.225 + 3\sqrt{2.1(1 - 2.225)/150} = 2.225 - 0.39 = 1.835$$

$$CL = 2.225$$

第二天的控制界限为

$$UCL = 2.225 + 3\sqrt{2.2(1 - 2.225)/180} = 2.225 + 0.367 = 2.592$$

$$LCL = 2.225 3\sqrt{2.2(1 - 2.225)/180} = 2.225 0.367 = 1.858$$

第三天、第四天依次类推，每天按照产量不同都要分别计算控制界限。

(3)绘制 P 控制图，见图 6-49。

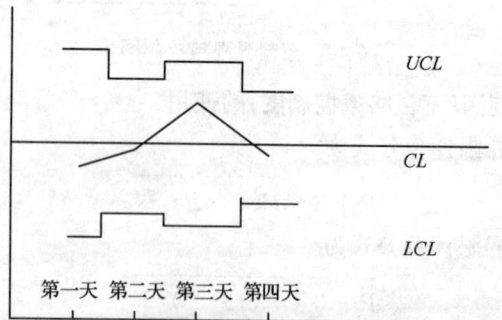

图 6-49　P 控制图

5. 控制图的异常判定

(1)原理:"小概率事件原理"即少数次试验当中小概率事件不应该发生。

(2)准则 1:第一类小概率事件:点子出界(见图 6-50);第二类小概率事件:点子排列不随机(见图 6-51～6-57)。

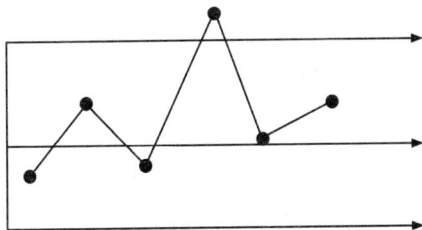

图 6-50　点子出界

准则 2:连续 9 个点在中心线一侧(见图 6-51)。

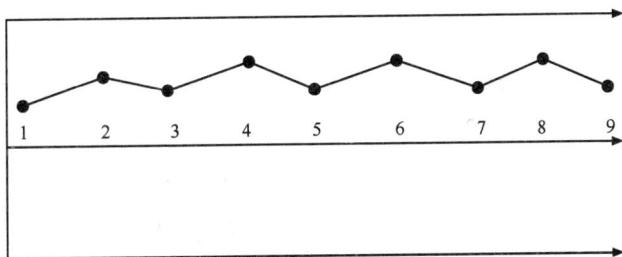

图 6-51　连续 9 个点在中心线一侧

准则 3:连续 6 点递增或递减(图 6-52)。

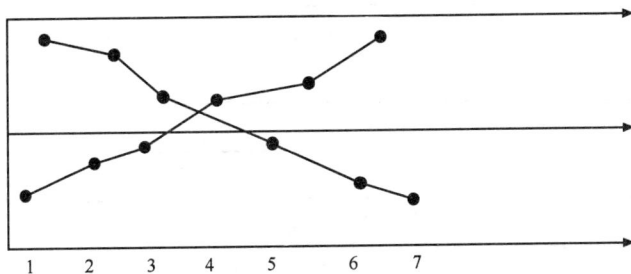

图 6-52　连续 6 点递增或递减

准则4:连续14个点中点子总是上下交替(图6-53)。

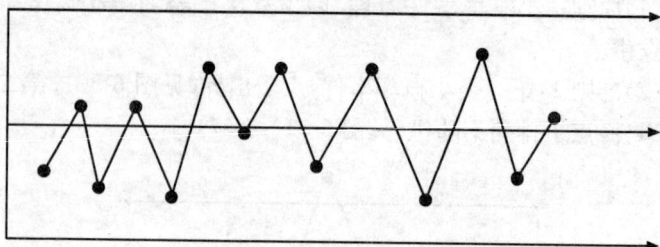

图6-53 连续14个点中点子总是上下交替

准则5:连续3个点中有2个在A区(见图6-54)。

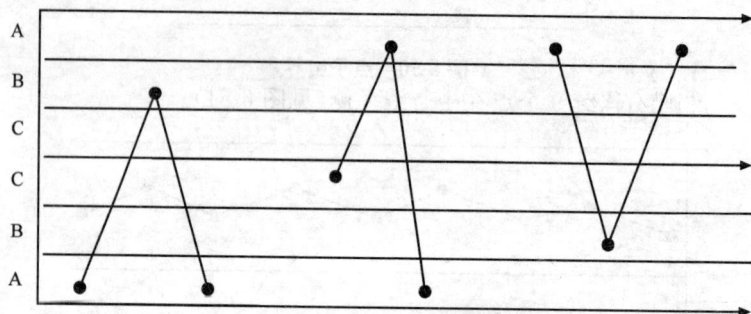

图6-54 连续3个点中有2个在A区

准则6:连续5点中4个点落在同一侧的C区外(见图6-55)。

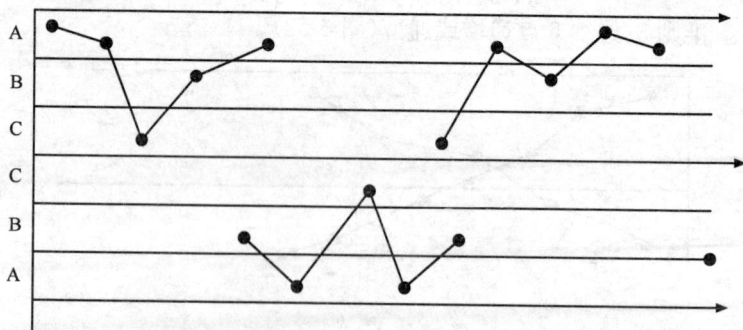

图6-55 连续5点中4个点落在同一侧的C区外

准则 7:连续 15 个点在 C 区内(图 6-56)。

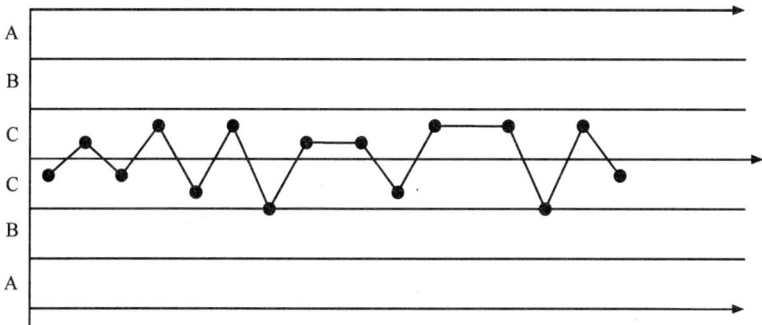

图 6-56 连续 15 个点在 C 区内

准则 8:连续 8 个点在 C 区外,且无 1 点在 C 区内(见图 6-57)。

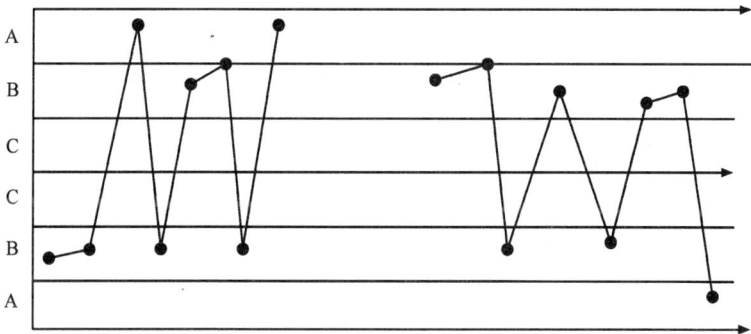

图 6-57 连续 8 个点在 C 区外,且无 1 点在 C 区内

8. 控制图使用中要注意的事项

使用控制图样本数据不少于 20 组;

过程不稳定或过程能力不足时不要使用控制图($CP \leqslant 1$ 时不要使用);

公差线不是控制界限;

过程要素变化时要及时调整控制界限;

分析用控制图,分析时要剔出出界点;

控制图要及时进行分析,发现异常,查找原因。

QC 小组在成果巩固期验证小组课题成果时经常使用。

三、散布图

1. 原理

分析成对出现的两组数据的时候,有下述三种情况:

(1)确定关系。可以用直线方程来建立数学模型,如:

$$速度 \times 时间 = 距离 \quad (vT = S)$$

"距离 S"为因变量,它随"时间 T"这个自变量的变化而变化.

(2)没关系。两组数据没有相关性。

(3)相关关系。两组数据没有确定关系(不能用数学公式来计算),但他们之间却有着紧密的关系,我们称这种关系为"相关关系"。

如父亲的身高和孩子的身高之间的关系,没有确定的公式来计算,但大家都认同有密切的关系。

2. 基本图形

散布图是研究成对出现的 (X, Y) 两组相关数据之间关系的简单图示(见图 5-58)。

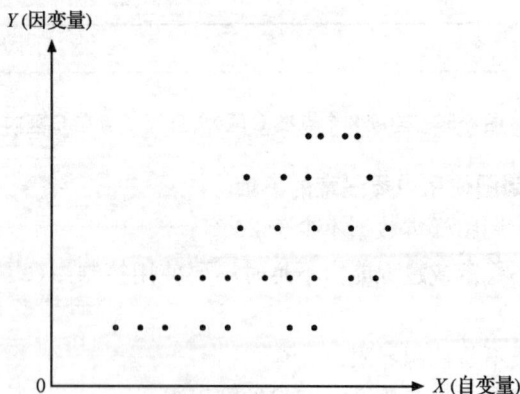

图 5-58 散布图基本图形

(1)取 30 对成对出现的数据,在直角坐标系中,按照横坐标是自变量、纵坐标是因变量的关系,做散布图。

(2)散布图中点子云的典型图见图 6-59。

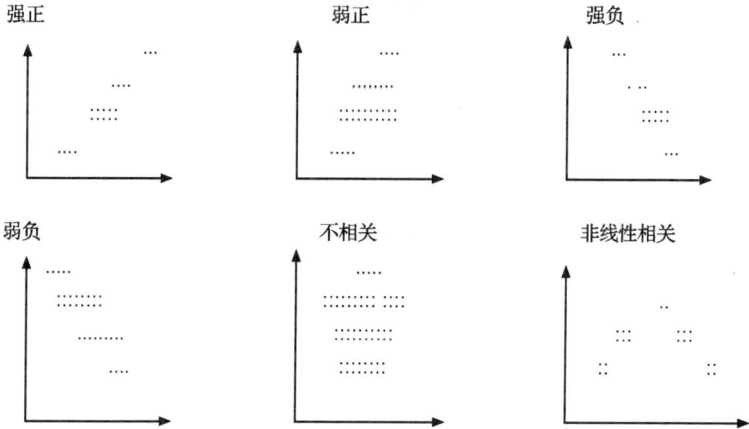

强正　　　　　　　　弱正　　　　　　　　强负

弱负　　　　　　　　不相关　　　　　　　非线性相关

图 6-59　点子云典型图

强正相关:X 增加 Y 也增加,点子分布呈带状;

弱正相关:X 增加 Y 也增加,点子分布呈橄榄核状;

强负相关:X 增加 Y 减少,点子分布呈带状;

弱负相关:X 增加 Y 减少,点子分布呈橄榄核状;

不相关:X 增加 Y 可能增加,也可能减少,点子分布呈团状;

非线性相关:点子分布没有线性规律。

3. QC 小组的使用

(1)QC 小组在确定主要原因时可使用。当小组对某一末端原因是否确定为主要原因时,小组内部有不同的看法,并都列举了事实和数据,这时,我们可以收集 30 对以上的数据进行散布图的分析,如果是强相关的话必须确定为主要原因,如果弱相关的话可以考虑确定为主要原因。

(2)创新型 QC 小组在选择课题的时候可以使用。当小组在选择创新型课题时可以使用二维分析的统计方法来确定创新课题。

某超市用二维分析进行创新销售增加新产品的选题案例见图6-60。

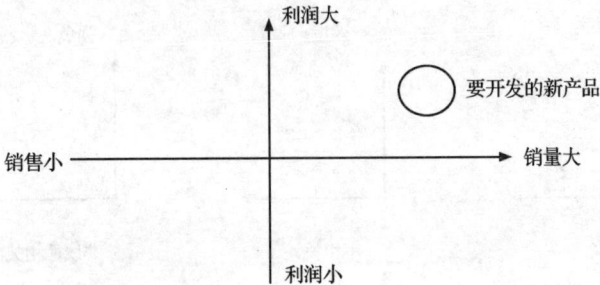

图 6-60 某超市创新销售增加新产品的选题案例

四、过程能力和过程能力指数

1. 过程能力(加工精度)

过程能力是生产过程在一定时间内,处于统计控制状态下制造产品的质量特性值的经济波动幅度。

过程能力高,质量波动的幅度小;过程能力低,质量波动的幅度大;我们习惯把"6S"作为经济波动幅度范围。

2. 过程能力的定量表示

$$B = 6S$$

式中　B——过程能力;

　　　S——标准偏差;

　　　6——常数。

例如:某生产过程通过样本数据计算知到 $S=0.24s$,则该过程的过程能力即波动幅度 $B=6×024=1.44s$

3. 过程能力指数

过程能力是描述过程本身具有的能力。质量标准是来自与顾客或产品设计的要求。我们把质量要求和过程能力的比值(满足程度)称为"过程能力指数",用"CP"表示。

过程能力指数的数学模型为

$$CP = \frac{T}{B} = \frac{T}{6S}$$

式中　CP——过程能力指数；

　　　T——公差(技术要求)；

　　　B——过程能力(工序能力)。

过程能力指数的计算方法如下：

(1)在分布中心与公差中心重合的情况下：

$$CP = \frac{T}{B} = \frac{T_U - T_L}{6S}$$

式中　T_U——上偏差；

　　　T_L——下偏差。

(2)在分布中心与公差中心不重合的情况下：

$$CPK = \frac{T - 2\varepsilon}{6S} = \frac{(T_u - T_L) - 2\varepsilon}{6S}$$

其中

$$\varepsilon = |M - \bar{X}|$$

式中　M——公差中心值；

　　　X——样本平均值。

(3)在单向公差情况下的过程能力指数计算：

只有上偏差时：$C_{PU} = \dfrac{T_U - \bar{X}}{3S}$

只有下偏差时：$C_{PL} = \dfrac{\bar{X} - T_L}{3S}$

[例 6-4]　用 C30 车床加工 $\phi 20$ 的芯轴,质量要求是 19.90～
20.10mm。加工 100 根后对其进行测量,然后用计算器计算出 $\bar{X} =$
20.02mm。标准偏差 $S = 0.02$mm,求 CPK。

解:计算如下:

$M=(20.1+19.9)/2=20.00$mm

$\bar{X}=20.02$mm

$\varepsilon=20.02-20.00=0.02$mm

$$CPK=\frac{(20.1-19.9)-(2\times0.02)}{6\times0.02}=1.33$$

第七章　QC小组诊断师的要求及注册

本章主要介绍诊断活动的主要流程和要求、诊断师应具备的素质和能力以及成为注册诊断师的各项要求。

第一节　QC小组诊断师的素质和能力

QC小组诊断师应经过考评认可,获得等级证书才能获取诊断师职称,诊断师是QC小组活动的指导者和QC小组培训的"小教员"。

一、QC小组诊断师应具备的素质

热爱质量管理,喜欢QC小组工作;

爱学习,对新知识感兴趣;

勇于实践,有解决问题的信心;

谦虚谨慎,平易近人;

讲求职业道德,为企业保守机密;

作风正派,洁身自重,严格要求自己,不酗酒,不赌博;

团结友好,互相尊重,互相学习;

不要打着协会的旗号招摇撞骗。

二、"八不"原则

不吹嘘宣扬自己,贬低别人;

不信口开河,随意批评别人;

不急于求成,对被指导的小组求全责备;

不"无据之谈",要用客观事实评价小组;

不误导小组编写八股文章；

不包办代替，为小组代编代写成果报告；

不牟取非正当收入，评比时失去公正性；

不许诺推荐优秀 QC 小组。

三、诊断师应具备的能力

作为 QC 小组的诊断师应做到懂理论、能指导、会评价。

1. 懂理论

全面掌握 TQM 理论，熟悉相关的管理知识，了解质量领域理论和实践变化，能有效地运用到工作中。

2. 能指导

对 QC 小组开展活动的全过程给以指导和帮助，包括小组的组建、PDCA 活动程序、指导统计方法选择、指导报告书整理、巩固成果等。在小组活动中发现问题、分析问题、解决问题，帮助 QC 小组提高活动水平。

3. 会评价

能正确合理地评价 QC 小组的活动成果，具有丰富的 QC 小组实践经验，熟悉评审标准，严格掌握评审原则，客观公正准确地评价 QC 小组成果。

第二节　QC 小组的诊断活动

一、QC 小组活动的评审

1. 各单位 QC 小组活动的评审

各单位 QC 小组活动的评审要进行现场评审和发表评审。

现场评审是对本单位 QC 小组活动进行评审的重要方面。QC 小组展开活动前应在本单位进行注册，活动后的成果应报本单位主管部门进行统一评审。评审时间应掌握在小组取得成果后 2 个月左右,早了不容易看出活动效果,晚了不利于更好地调动活动的积极性。

现场评审和发表评审应由本单位主管部门组织相关专家和领导进行,其中 2/3 以上人员应持有 QC 诊断师证书,人数通常是 5 人以上的单数成员组成。

现场评审组要深入 QC 活动现场,面向全体 QC 小组成员,了解详细的活动过程,包括遇到的困难和取得的成绩。评审按照《QC 小组活动现场评审表》的要求执行,综合地评价 QC 活动的现场情况。

发表评审要通过本单位组织 QC 成果发表会的形式进行,组织广大员工进行学习和观摩。评审按照《水利行业 QC 小组活动成果发表评审表》或《创新型课题 QC 小组活动成果发表评审表》的要求执行,并综合现场评审成绩得出最后 QC 小组活动成果的综合成绩,优秀的推荐参加水利行业 QC 成果发表会进行交流。

2. 水利行业 QC 活动成果的评审

水利行业 QC 活动成果的评审要进行申报评审、资料评审和发表评审。

申报评审是水利行业 QC 活动评审的第一步,应对所有按照要求申报的 QC 成果进行评审。以优中选优的原则,筛选出具有代表性的 QC 成果参加水利行业 QC 成果发表会。评审按照水利质协制定的《QC 小组成果申报资料评分表》的要求进行,对入选申报成果,评审占总成绩的 10%。

资料评审是由水利质协组织相关的评审专家对准备参加发表的成果进行评审,根据小组成果的程序、工具和数据等方面进行评价、打分并形成初步意见。资料评审参照《水利行业 QC 小组活动成果发表评审表》或《创新型课题 QC 小组活动成果发表评审表》的要求执行资料评审,评分占总成绩的 60%。

发表评审拟每年进行 1~2 次,由水利质协聘请 5 名或以上取得中级诊断师及以上资格的人员担当评委,并设见习评委。在发表会现场对发表的成果进行评价和打分,发表评审评分占总成绩的 30%。

为了扩大水利行业 QC 评审队伍,2012 年开始实施见习评委制度,由各单位推荐已经取得水利行业初级 QC 诊断师的人员担当见习评委,有 3 次能成功胜任见习评委工作的诊断师可以进入水利行业 QC 评委库,每年由水利质协择优聘用。

二、QC 成果的评价要点

1. 活动程序与类型

活动程序与类型是否一致,PDCA 四个阶段是否得到充分体现,前后的衔接是否紧密且有逻辑性并有数据做支撑。

2. 选题

选题是否有针对性,表述是否合理。现状调查清楚,是否用数据说话,课题表述是否一目了然并能为目标提供依据,能否从小处着手,体现 QC 小组活动小实活新的特点。

3. 分析原因

分析原因是否针对课题或课题的症结,是否全面分析无漏项。

4. 对策表及实施

对策表及实施是否针对主要原因逐条展开,并且符合 5W1H 的原则,对策目标是否清楚,对策与措施是否表述清楚,活动过程的逻辑性和数据是否得到充分的展现。

5. 效果检查

效果检查是否通过活动前后的对比来体现目标的实现,活动的经济效益和社会效益是否得到真实客观的反映,活动的效果是否有效的得到巩固及推广。

6. 成果发表与活动特色

在成果发表中,报告是否用数据说话,以恰当的图表和工具来展示活动过程。发表人应清晰、流利地完成发表。发表形式应通俗易懂,可多样化,但是不能形式大于内容,造成喧宾夺主的效果。

三、QC 成果评价报告

评价报告要简明扼要,内容可分为两部分:总体评价和不足之处。

1. 总体评价

总体评价字数在 500 字左右,应从全局着眼全面评价。可从课题类型入手,看是否有着严格的语言逻辑,是否小实活新,是否取得显著效果并得到认可。

2. 不足之处

不足之处,要抓住重点有针对性。分析应以改进和提高为着眼点,针对主要问题提出,适当时可表明改进的方法和可能性,使小组成员在不足之处的分析中得到学习和提高。

第三节　水利行业 QC 小组诊断师的培训和注册

一、概述

为加强 QC 小组活动诊断师队伍建设,规范管理,培养具有理论知识和实践能力的各级质量管理小组活动诊断师人才,中国质量协会 2009 年开始实施 QC 小组诊断师注册制度。参照近年来的成果经验,2012 年水利质协也发布了相关办法,开始实施 QC 小组诊断师注册制度,注册分为初、中、高三级。

二、培训及注册流程

本单位推荐参加培训→撰写论文→参加理论基础知识培训→基础知识考试→案例分析评价培训→案例分析考试→论文答辩→成绩汇总→合格→发培训合格证书→申请注册→单位推荐→水利质协批准→颁发相应等级注册证书。

注册水利行业质量管理小组活动诊断师的申请人应符合相应

等级的条件,参加水利质协组织的质量管理小组活动诊断师培训并取得培训合格证。

三、水利行业 QC 小组初级诊断师注册要求和条件

申请人应具有国家承认的大专以上学历。

申请人应具有三年以上从事与质量相关的专业技术或管理岗位的工作经历,具有初级以上技术职称。

申请人须通过水利质协组织的水利行业质量管理小组活动诊断师考评,考试合格并取得证书。考试合格三年内未申请注册者,考试成绩自动作废。

申请人应热爱 QC 小组工作并能够指导本单位 QC 小组活动,具备对 QC 小组活动成果进行书面和现场评价能力。

已经取得原水利质协颁发的诊断师证书在有效期内,可直接申请注册初级诊断师。

初级诊断师可以担任水利行业 QC 评审发布会见习评委工作,有三次合格的见习评委经历后方可进入水利质协 QC 评审专家库。

四、水利行业 QC 小组中级诊断师注册要求和条件

申请人须具备初级诊断师资格和中级以上技术职称。

申请人近三年内至少参加一次由水利质协组织的质量管理小组活动诊断师提高班,考试合格并取得证书。考试合格三年内未申请注册者,考试成绩自动作废。

能胜任水利行业 QC 发布会专家评委工作,准确指导和评价 QC 成果。

五、水利行业 QC 小组高级诊断师注册要求和条件

申请人须具备中级诊断师资格。

申请人近三年内至少参加一次由水利质协组织的质量管理小组活动高级诊断师研讨班,考核合格并取得证书。

独立撰写两篇以上有关质量管理论文并在全国性刊物发表,或为相关专业正式出版书籍的主要作者。

申请人近三年内需具备下列条件之一:

能胜任水利行业 QC 小组成果发表会评委;

能胜任水利行业 QC 小组活动培训班讲师;

指导 QC 小组活动 10 个以上,其中 2 个以上成果获全国优秀 QC 小组奖。

六、申请注册流程与证书的保持

了解《水利行业质量管理小组活动诊断师注册管理办法》,确认本人符合申请条件。

参加水利质协组织的相应级别诊断师培训且成绩合格。

填写相应级别的《水利行业质量管理小组活动诊断师注册申报表》,提供相应的证明性材料。

水利质协负责审查相关资料并决定是否准予注册。

保持证书的申请人可在注册证书有效期内参加一次由水利质协的相应级别诊断师培训,即可申请同一级别注册证书的保持。同时填写《水利行业质量管理小组活动诊断师再注册申报表》,并按要求提供相关材料。

第八章　相关管理知识简介

本章挑选一些质量管理人员需了解的相关管理知识供大家学习,主要包括全面质量管理知识、质量管理体系标准知识、5S 管理基本知识、6σ 管理相关知识、卓越绩效管理相关知识。

第一节　全面质量管理

一、全面管理的概念

费根堡姆于 1961 年著书《全面质量管理》提出质量管理的概念:"全面质量管理是为了能够在最经济的水平上,并考虑到充分满足用户要求的条件下进行市场调研、设计、生产和服务,把企业内各部门的研制质量、维持质量和提高质量的活动构成为一体的一种有效体系"。

二、全面质量管理的定义

"一个组织以质量为中心,以全员参加为基础,目的在于让顾客满意和本组织所有成员及社会受益而达到长期成功的管理途径。"

三、全面质量管理概念的形成

1956 年美国通用电器公司的费根堡姆首先提出 TQC 的概念;1950 年日本引进美国的"统计质量管理"后,发展为"全公司的质量管理"(CWQC);1978 年我国从日本引进全面质量管理,经过时代的发展形成"三全一多样"的 TQM 理论。

四、全面质量管理的基本要求

1. 全过程的质量管理

按产品形成的全过程,即设计过程制造过程、使用过程(包括售后服务)。树立预防为主、不断改进的思想;为顾客服务的思想(包括内部下道工序);"始于识别顾客需求,终于满足顾客需求"。

2. 全员的质量管理

激发员工的积极性和创造性,以人为本进行管理。

要做好三个方面的工作:

(1)全员的质量教育和培训。培训内容包括质量意识、职业道德、敬业精神、技术能力、管理的基本方法等。

(2)规定各部门、各类人员的质量责任,严格管理,形成高效的管理体系。

(3)鼓励团队合作和各种形式的质量管理活动,如 QC 小组、合理化建议活动、劳动竞赛等。

3. 全组织的质量管理

纵向:质量方针和质量目标纵向展开;

横向:确定质量职能并落实责、权、利,形成质量控制体系。

4. 多方法的质量管理

"程序科学、方法灵活、实事求是、讲求实效。"要使用科学的统计方法和各种行之有效的管理方法,进行质量管理。

"三全一多样"是全面质量管理的基本要求。

第二节　质量管理体系标准知识

ISO9000 族标准是 ISO 国际标准化组织 TC/176 技术委员会制定的所有国际标准,其核心有四个,即是质量保证标准(ISO9001)、质量管理标准(ISO9004)、审核标准和术语标准。

质量保证标准 ISO9001 是一个规范各国质量保证标准的产物,

它包含了所有顾客对供方的要求,是组织建立体系取得认证的依据。

ISO9000 族标准的基本思想是"关注顾客持续改进"建立质量管理体系的指导思想,最主要的有两条:其一是控制的思想,即对产品形成的全过程,从采购原材料、加工制造到最终产品的销售、售后服务进行控制。只要对产品形成的全过程进行控制并达到过程质量要求,最终产品的质量就有了保证。其二是预防的思想。通过对产品形成的全过程进行控制以及建立并有效运行自我完善机制达到预防不合格,从根本上减少、消除不合格品。

一、2008 版 ISO9000 族核心标准

2008 版 ISO9000 族标准包括以下一组密切相关的质量管理体系核心:

GB/T19000-2008 idt ISO9000:2005《质量管理体系基础和术语》

GB/T19001-2008 idt ISO9001:2008《质量管理体系要求》

GB/T19004-2011 idt ISO9004:2009《追求组织的持续成功、质量管理方法》

GB/T19011-2003 idt ISO19011:2005《质量和(或)环境管理体系审核指南》

以上标准都已分别等同转化为我国相应的国家标准。

ISO9001:2008 标准是对企业管理体系的基本要求,是认证的依据。而 ISO9004:2011 标准的实施指南,不能用做认证依据。只是做为企业建立质量管理体系的指导文献。

二、2008 版 ISO9000 族标准的特点

标准可适用于所有产品类别、不同规模和各种类型的组织,并可根据实际需要删减标准第七章中某些质量管理体系要求;

采用了以过程为基础的质量管理体系模式,强调了过程的联系和相互作用,逻辑性更强,相关性更好;

强调了质量管理体系是组织管理体系的一个组成部分,便于与其他管理体系相容;

更注重质量管理体系的有效性和持续改进,减少了对形成文件程序的强调性要求;

将质量管理体系要求和质量管理体系业绩改进指南这两个标准,作为协调一致的标准使用。

2008 版 ISO9000 标准更加强调了顾客满意及监视和测量的重要性,促进了质量管理原则在各类组织中的应用,满足了使用者对标准应更通俗易懂的要求,强调了质量管理体系要求标准和指南标准的一致性。2008 版标准反映了当今世界科学技术和经济贸易的发展状况,以及"变革"和"创新"这一 21 世纪企业经营的主题。

三、2008 版 ISO9001 的主要内容

一个中心:把以顾客为关注焦点当做质量管理的理念中心。

两个基本点:把顾客满意和持续改进当做建立和完善质量管理评价体系的两个基本点。

两个沟通:内部沟通、顾客沟通。

三种监视和测量:体系业绩监视和测量、过程的监视和测量、产品的监视和测量。

四大质量管理过程:管理职责过程、资源管理过程、产品实现过程,以及测量、分析和改进过程。

四种质量管理体系基本方法:管理的系统方法、过程方法、基于事实的决策方法、质量管理体系的方法。

四个策划:质量管理体系策划、产品实现策划、设计和开发策划、改进策划。

四、2008 版 ISO9000 族标准提出的质量管理原则

(1)以顾客为关注焦点。

(2)领导作用。

(3)全员参与。

(4)过程方法。

(5)管理的系统方法。

(6)持续改进。

(7)基于事实的决策方法。

(8)与供方互利的关系。

五、建立质量管理体系的步骤

(1)诊断:调查、分析企业生产和管理现状,发现企业质量管理问题。

(2)培训:对各层次员工各有侧重地培训 ISO9000 施标准知识。

(3)策划:对企业质量管理体系进行整体设计,调整和完善组织机构,合理配置资源。

(4)编制体系文件:编写质量手册、程序文件和第三层次文件。

(5)体系试运行:发放体系文件,各部门各岗位学习并贯彻实施文件规定。

(6)质量管理体系认证。

(7)改进完善:组织内部质量审核和管理评审,找出问题和差距并加以整改,不断完善体系。

第三节　5S 管理基本知识

5S 管理活动是日本丰田公司的一种现场管理方法,在 1955 年形成完整的理论。

5S 管理的目的是"创造并保持干净、整洁、条理有序的现场环境,保证安全,使员工养成认真执行规范的好习惯,消除无效劳动、降低成本。从而提升员工的满意度和企业的品牌形象,实现企业的经营绩效目标"。

一、概述

1. 5S 的含义

5S 为"整理,整顿,清扫,清洁,素养"的简称,也称为"五常管理"。

整理:区分清理。明确区分要使用的和不使用的物品,把不使用的物品清除出现场(对现场物品进行 ABC 分类,清除 C 类物品)。

整顿:定置标识。研究物品的取用方法,合理安排摆放位置,做定位标识。

清扫:包括清扫、维护。做到现场无垃圾、灰尘及污垢,查找并消除造成脏污的源头,予以控制。对设备、工具等作业物品进行清洁养护,保持其使用状态。

清洁:维持效果。维持前 3 个"S"的效果,使现场保持清洁有序状态,进行规范和约定,巩固并提升前 3S 的成效。

素养:从按章操作、依规行事,养成良好的习惯,使每个人都成为有教养的人。

2. 5S 活动的作用

5S 活动是实施现场改进的基础。

现场改进的重点是:质量、交货期、成本、精神面貌、安全、企业形象。

5S 活动的作用如下:

改善现场环境,增强归属感和自豪感,提高员工满意度;

塑造企业形象,给顾客以信心,赢得社会和公众的信赖;

消除安全隐患,减少、杜绝事故灾害的发生,保证机器设备的正常运行;

调整生产周期,减少寻找、搬运的空耗,缩小作业半径,保证按时交货;

降低库存浪费,压缩物料的在线的滞留时间,通畅物流、节能降耗;

防止作业差错,提高业务精确度。

3. 5S 活动的实施要点

各组织的现场和工作内容不同活动过程有些区别,但都必须按照递进的原则进行实施管理.

二、5S 管理的具体方法

1. 整理

(1)定义:常区分清理。对现场物品进行盘点分类,把物品分为要用的和不用的,留下要用的,清除不用的。

(2)目的。消除无效占位,腾出场地,最大限度地利用空间,精简库存,防止误用,保证人员行走有序、物品搬运顺畅,安全高效。

(3)步骤:

1)对所在场所和岗位进行全面盘点。

2)制定"需要"和"不需要"的判定基准,明确权限。

3)依据规定清除不需要物品。

4)根据使用频率和场地条件,确定存储容量。

5)定时循环整理。

(4)要点。要有舍弃的智慧和勇气;"有用的物品"不等于"现场需要的物品";"现场不需要物品"不一定是"无用物品"。妥善处置现场"不需要物品",物尽其用,避免浪费。

2. 整顿

(1)定义:常整齐定置。把需要的物品,按规定定位、定量地摆放,做好有效标识。

(2)目的:减少和消除寻找时间;方便使用,迅速归位,准确操作;做到心中有数,适时、适量供应,消除多余的备用品。

(3)步骤:

1)彻底进行整理,确认"需要"物品。

2)规划布局,确定存储摆放的场所。

3)集思广益,确定摆放的方式方法。

4)划线定位,进行标识。

5)说明、训练,在理解认知的基础上,照章办事。

(4)要点。要遵循"三定"的原则:

1)定点。摆放在哪里最适宜。

2)定容。用什么容器存放,怎样区分。

3)定量。数量定为多少合适。

以人为本,便捷安全,易于操作,易于保洁,易于点检,易于归位,物品一目了然,短缺或误放时会马上发现。保持标识的有效性。有人看、看得懂、美观牢固。

3. 清扫

(1)定义:"常清扫卫生"。采用符合安全规定的方法,打扫并保持场地及物品、设施等的清洁,查找并消除污染源,显现"整理"和"整顿"的效果。

(2)目的。维持、维护仪器设备的精度和运转的稳定性,降低故障率,防止因灰尘、垃圾及油污而造成的不良,保证质量。营造清新明亮的现场环境,改善作业条件,缓解身心疲劳。防患于未然,培育认真负责的企业文化精神。

(3)步骤:

1)进行现场"整理","整顿"现场"可视化"。

2)划分并建立卫生责任区制度,定点、定时、定职、定责。要特别关注公共及交叉区域,明确分工。

3)有针对性地进行安全及相关设施仪器基本保养的培训。

4)制定有关清扫基准及要求,配置清扫器具。

5)清扫点检设施、场地、用具等。

6)动手修理或上报发现的问题点,及时排除故障隐患。

7)查明污染(跑、冒、滴、漏等)源,力求从根本上解决。

(4)要点。经过两个阶段的"整理"、"整顿",要用的物品便捷地取到了,但是否能用? 有无失效呢? 因此,清扫的第一个大作用就是保证物品随时随地处于完好可用的正常状态；清扫不是大扫除，看似简单，但要做好并不容易，必须要具备持之以恒和一丝不苟的态度，领导率先垂范的表率作用十分关键；强调"清扫"即"点检"（进行检查及保养）的原则，人人都能做且必须要做的、最简单、最基本的维护就是清扫；激发责任感，引导员工提升"自我保全"的能力，为TPM活动做好铺垫。

4. 清洁

（1）定义："常保持前 3S 的成果。将前 3S 的实施办法制度化、标准化维持成效。"

（2）目的。创建清洁明亮、条理有序的现场环境；通过制度化维持前 3S 的成果，并显现"异常"之所在；提前策划对应"异常"的对策和方法；推行标准化，培育持之以恒的企业文化精神。

（3）步骤：

1）彻底到位的落实前 3S，职责分明。

2）明确"异常"状态出现时的对策和解决的方法。

3）确定检查的尺度和方法，高层领导带头巡查。

4）配套建立相应的奖惩制度，实施兑现。

（4）要点。通过制定相应的基准，探究"让问题现形"的方法。帮助我们解除愿意解决而自己看找不到问题；明确职责，让其担当责任，这样才会主动投入，才有成就感和自豪感；建立相应的监督检查制度，确认执行力度和有效性；相关基准和规范的修订，根据变化的情况提高标准水平，以便持续改进。

5. 自律

（1）定义："从按章操作、依规行事，养成良好的习惯，使每个人都成为有教养的人。"

（2）目的：提升"人的品质"、培养对任何工作都讲究认真的人。

（3）步骤。自律和素养形成的基本过程如下：

1）学习规章制度。

2）理解规章制度。

3）必须遵守规章制度。

4）成为他人的榜样。

5）具备成功的素养。

（4）要点。教育培训，认同"标准"是"做事情的最佳方法"；借助漫画、标语、黑板报等方式，进行形式多样的宣传活动；从问候、打电话等身边最简单的事情做起；激励引导，规范约束，互相监督、勉励、支持、提醒。

第四节　6σ 管理基本知识

20 世纪 80 年代，由美国摩托罗拉公司创立的改进产品质量的方法；在美国"联合信号公司"应用和发展；1996 年美国"通用电气公司"总裁杰克·韦尔奇将 6σ 引进本公司为公司创造了巨大的经济效益；现在好多国家使用这一方法。

一、6σ 管理概述

1. 6σ 概念

罗纳德斯尼先生将其定义为"寻找同时增加顾客满意和企业经济增长的经营战略途径"。汤姆皮兹德克定义为"6σ 管理是一种全新的管理企业的方式，他不是技术举措，而是管理举措"。美国质量学会定义为"高度专业化地用于持续的开发和交付近乎于零缺陷的产品与服务的过程方法。也是应用统计工具和通过项目工作，实现利润和收益突破的管理战略"。

2. 6σ 的含义

（1）对缺陷的质量评价指标：

1PPM＝10^{-6}	
σ水平	缺陷率(PPM)
1	690000
2	308000
3	66800
4	6210
5	230
6	3.4

也就是说："一个过程如果达到 6σ 水平,那么他的缺陷率仅为百万分之 3.4 的缺陷率(其中考虑 1.5σ 的目标中心偏移)。

(2)作为经营绩效改进的方法论和模式,提供了一套科学的过程改进方法。

戴明博士提出了过程的 SIPOC 模型为

供方 S—输入 I—过程 P—输出 O—顾客 C

输出依赖于供方、输入和过程;

SIP 是稳定的,那么 O 就是稳定的;

如果 O 不稳定,其根源是 SIP 不稳定造成的,要识别改进的机会。

6σ 管理把产品、过程、工作的结果都视为过程的输出。

把影响输出的因素归结为设计、工艺、场地设施、技术装备、原材料、人员的技术水平、管理程序、相关政策。我们要在影响的因素中去寻找关键影响因素,去实施改进;识别缺陷是开展 6σ 管理的前提,只有测量出来的缺陷才能进行改进。6σ 管理把产品、过程、工作的结果都视为过程的输出。

3. 6σ 管理的特点

关注过程;

关注相关性(管结果要从管过程因素入手);

使用科学的方法(统计技术和改进程序的使用);

依据数据决策。

4. 6σ 的主题

真正地关注顾客；

以数据和事实驱动管理；

采取的措施应针对过程；

预防性的管理；

无边界的合作；

力求完美但容忍失败。

5. 企业开展 6σ 管理的三个途径

(1)业务变革。企业逐渐落后，市场萎缩效益下降、新产品无力开发、员工懒散的状态下选择"业务变革"的途径。

(2)战略进攻。集中在几个部门或关键业务上，推进 6σ 管理，再向全企业发展。（如：开发新产品、降低成本活动）。

(3)解决问题。把目标对准最烦人的、长期存在的问题，通过开展活动，取得成果让大家尝到甜头（头痛医头，脚痛医脚）。

二、DMAIC 方法简介

在 6σ 管理理论上有应用在改进上的"DMAIC 法"。

DMAIC 法的含义是：控制一个完整的改进过程。

D：定义，把要改进的问题搞清楚；

M：测量，对过程测量确定现有的基线和目标。

A：分析，确定造成问题的关键因素。

I：改进，优化过程减少关键因素对输出的影响。

C：控制，把改进后的过程程序化，保持改进成果。

三、6σ 管理中关键角色的职责

1. 最高管理层与执行领导（活动的推动者）职责

确定 6σ 管理远景；确定企业的战略目标和业绩的度量系统；确定企业的经营重点；在企业中建立促进应用 6σ 管理方法和工具的环境。

2. 倡导者或领航员职责

负责 6σ 管理的部署；

建立 6σ 管理基础（培训人员、选择　项目、建立报告系统、建立激励机制）；

向最高管理层报告情况；

实施中的沟通与协调。

3. 大黑带（黑带大师或黑带主管）

大黑带在企业推进 6σ 管理中起承上启下的作用。他们是 6σ 管理的技术专家，其职责如下：

协助领航员部署实施计划；

培训黑带和绿带，确保他们掌握方法；

为实施项目进行指导；

协调跨职能的项目；

协助倡导者和领航员选择项目。

4. 黑带

黑带是关键的实施人员，有一定的技术和管理背景，一般是专职人员，在任职期间要完成若干个项目，为企业带来效益。

其职责为：领导团队完成项目；向团队进行统计技术和方法的培训；识别过程改进的机会，适当选择方法；向团队灌输六西格玛的管理理念；向上层报告项目进展情况；把项目的启发传递给企业的其他人员；培养绿带，为绿带提供指导。

5. 绿带

绿带是在黑带领导下，经过 6σ 管理培训的项目团队成员。绿带的职责是完成委派的工作，实施改进活动。

6. 6σ 项目团队

项目团队一般由 3～10 人组成，可考虑负有职责的管理人员和财务人员参加的集体。他们是公司内部因 6σ 项目而指令组成的改进型组织。

四、6σ 管理的推进过程

6σ 管理的推进过程是一个不断深化的过程。包括三个进程：

开展 6σ 项目工作；

培训培养 6σ 骨干；

构建持续推进 6σ 管理的基础。

三个进程周而复始不断深化,建立 3～5 年的计划,每个项目完成时间大约 4～6 个月或更长的时间段。

五、6σ 管理成功实施的关键因素

高管层的承诺是必备的基础；

必须和企业经营管理进行整合；

一切用数据说话；

了解市场,对知识和信息进行收集和分析；

要有推进时间段,对成果要验证；

团队要掌握统计方法,要有推进的骨干；

建立报告系统,对效果进行跟踪；

落实奖励,认可成果；

内部要开庆功会,要宣传成就,增强企业形象。

第五节　卓越绩效管理基本知识

一、卓越绩效模式的产生背景

ISO9001 认证后的管理提升(下一步怎么走)；

世界 60 多个国家实施质量奖计划；

世界质量三大奖的模式为先导；

2001 年我国质量管理奖的启动；

2006 年"国家质量奖"计划的发展；"卓越绩效评价准则"的

诞生。

二、卓越绩效定义

通过综合的组织绩效管理方法,使组织的个人得到进步和发展,提高组织的整体绩效和能力,为顾客和其他相关方创造价值,并使组织持续获得成功。

三、综合的组织绩效管理方法

对组织的七个方面进行治理,使组织在经营活动中"有章可循、有法可依",进行科学化、程序化管理,并能以顾客为关注焦点,持续改进,创造最大化的经济效益。

四、卓越绩效模式的主体内容

卓越绩效的核心价值观(原则);

卓越绩效的评价准则(要求);

卓越绩效的评分系统(评价方法指南)。

五、组织的使命、核心价值观和愿景

使命:组织的总功能,说明组织存在的理由或价值。

核心价值观:期望组织及其成员如何行事的指导原则和行为准则,不随时间和外部环境变化的原则。

愿景:组织未来期望达到的一种状态。

六、组织治理的"七个方面"

领导;

战略;

顾客与市场;

资源;

过程管理;

测量；

分析与改进。

七、GB/T 19580—2004 标准和 GB/T 19001—2008 标准的主要不同之处

GB/T 19580—2004 标准更强调质量管理的有效性；

对组织的治理提出宏观的指导，给组织管理方法留下更大的选择空间；

突出组织的核心价值观和经营战略；

把关注顾客提升到新的关注相关方；

强调最高管理层的作用；

评价治理的标准不只是干了就可以，强调的是持续成功。

GB/T 19001—2008 标准强调的是管理的"符合性"，GB/T-19580 标准强调的是"管理的比较性"。

八、宏观管理的五大延伸

人力资源管理的广度延伸；

设备管理的维修和更新换代；

顾客利益向相关方利益的延伸；

信息管理的重要性；

目标管理的实效性延伸。

九、GB/T 19580—2008 标准的使用范围

卓越绩效的自我评价依据；

评质量管理奖的依据。

十、卓越绩效评价方法简介

卓越绩效评价是"诊断式"的评价方法（定性评价＋定量评价）。

1. 对"过程"的评价方法(A-D-L-I 评价法)为

方法—展开—学习—整合

方法:过程管理所采用的方法是否适宜。

展开:使用方法的展开程度,持续应用。

学习:学习新的方法,不断创新改善。

整合:各部门和过程的测量、分析、改进系统的互相融合协调一致,支持组织目标。

2. 对"结果"的评价方法

评分时要考虑以下四个方面:

(1)组织绩效的当前水平。

(2)组织绩效改进的速度和广度。

(3)与适宜的竞争对手和标杆的对比绩效。

(4)结果对应组织特定情景的重要程度。

附件1 水利行业质量管理小组活动管理办法

第一章 总 则

第一条 为适应水利全面推进跨越式发展的需要,提升水利行业管理水平,深化水利企事业单位员工技术创新活动,打造一流水平的团队和高素员工队伍,积极开展质量管理小组(以下简称 QC小组)活动,进一步调动广大员工的创新热情和创造潜力,应用质量工具方法,把问题点作为改进点,把改进点作为创新点,使创新点成为活动的增值点。根据原国家经济贸易委员会《印发〈关于推进企业质量管理小组活动意见〉的通知》(国经贸[1997]147 号)和 2011年工信部、国资委、国家质检总局等七部委联合下发《关于在工业企业深化推广先进质量管理方法的若干意见》(工信部联科[2011]337号)的文件精神,结合水利行业的实际情况,特制定本办法。

第二条 本办法适用于水利行业优秀质量管理小组活动成果推荐和评审工作。

第三条 水利行业的优秀 QC 小组活动成果,符合全国优秀QC 小组活动成果推荐条件的,由中国水利电力质量管理协会水利分会择优推荐上报中国质量协会。

第二章 组织和职责

第四条 中国水利电力质量管理协会委托水利分会(以下简称水利质协)负责水利行业质量管理小组活动的组织策划及实施。

第五条 水利质协负责质量管理小组各项活动的组织、指导、评审、表彰和推荐工作。

第三章 评审范围

第六条 水利行业 QC 小组活动评审范围包括：质量管理小组、质量"信得过"班组、质量管理小组活动优秀企事业单位、卓越领导者和优秀推进者。

第四章 推荐申报条件

第七条 水利行业优秀质量管理小组应具备以下条件：

1. QC 小组已按规定登记注册；

2. 围绕会员单位的方针、目标及生产、经营管理、服务活动中存在的关键问题或薄弱环节开展活动，取得显著成效，其经验有普遍推广意义；

3. 注重全员参与、活动过程和活动结果，并有创新；

4. 申报的 QC 小组有主管单位的应经过上级主管单位评审推荐，无上级主管单位的应经过本单位主管部门评审推荐；

5. 能经常学习 QC 小组基础知识、经验和有关水利（水电）业务、技术知识，不断提高管理和技能水平。

第八条 水利行业优秀质量"信得过"班组应具备的条件：

1. 以行政班组为单位，以质量工作为中心，搞好班组建设，各项基础管理工作健全、落实；

2. 坚持"质量第一"方针，制定创优规划。班组运用全面质量管理的思想和方法，遵循 PDCA 循环的科学程序，坚持开展活动。

3. 班组产品、服务质量达到同行业、同工序先进水平，做到"自己信得过，用户信得过"；

4. 所申报的班组应以积极开展 QC 小组活动为基础，在本单位当年的 QC 活动评比中名列前茅；近三年内有明显提高，并在 QC 小组活动中取得省、部级及以上优秀成果。

5. 具体管理办法见《质量信得过班组建设管理办法》和《开展质量信得过班组活动实施指导意见》。

第九条 水利行业质量管理小组活动优秀企事业单位应具备的条件：

1. 领导质量意识强，在推动 QC 小组活动、推行全面质量管理和贯彻 ISO9000 族标准、走质量效益型发展道路方面取得了突出成绩；

2. 群众性质量管理活动在水利（水电）部门名列前茅，推动 QC 小组活动的经验有特色，有普遍推广意义；

3. 近三年内有获得行业、省、部级及以上的优秀质量管理小组或获得过中国水利工程优质奖。

第十条 水利行业质量管理小组活动卓越领导者和优秀推进者应具备的条件：

1. 申报者所在单位或所管辖的单位，积极开展 QC 小组活动，且 QC 小组活动普及率较高；

2. 近三年内有获得省、部级及以上的优秀质量管理小组或获得过中国水利工程优质奖；

3. 优秀推进者除具备上述条件外，应是积极推进或参与本单位开展的 QC 小组活动并有突出贡献者；

4. 卓越领导者除具有上述 1、2 项条件外，应是积极支持各部门或基层单位开展 QC 小组活动且措施得力的领导者。

第五章 评 审 要 求

第十一条 申报水利行业优秀 QC 小组的成果应在本单位内进行了内部评审。申报的 QC 成果，应附本单位评审意见。

第十二条 各会员单位内部的 QC 评审组应由至少 3 位具有水利质协初级以上注册诊断师资格的评委组成，并对本单位评审结果签字确认。本单位评委人员资格不满足条件时可以向水利质协申请，由水利质协委派评委协助进行内部 QC 评审活动。

第十三条 被推荐参加水利行业优秀 QC 小组和质量信得过班组评审的成果应进行现场发表。

第十四条 会场发表评审依据《水利行业质量管理小组评审细则》实施。

第十五条 水利行业优秀 QC 小组活动成果评审，依据水利质协制定的《水利行业 QC 小组活动成果发表评审表》和《创新型课题 QC 小组活动成果发表评审表》的要求进行评价。各单位进行评审时还应参考《QC 小组活动现场评审表》的要求执行。

第十六条 水利行业质量信得过班组评审，依据水利质协制定的《水利行业质量信得过班组发表评分表》进行。

第十七条 申报水利行业优秀 QC 小组及其他奖项的单位应按规定的时间向水利质协提交所有规定的申报材料。

第六章　评审方式

第十八条 水利行业优秀 QC 小组活动成果评审方式分为资料评审（70％）和会场发表评审（30％）。

1. 资料评审：由水利质协组织具有 QC 小组活动诊断师资格的专家评审组及水利部相关领导对申报单位提交的材料按标准要求进行评审，评审应形成书面的点评意见及评审成绩；

2. 会场发表评审：由水利质协负责组织策划水利行业 QC 小组成果发布会，会场发表评审组可由专家评审组和见习评审组组成。

第七章　评审组要求

第十九条 水利行业优秀 QC 小组成果评委应具备以下条件：

1. 熟悉质量政策、法规、理论和方法；

2. 有 3 年以上 QC 小组活动经历或 QC 小组活动推进工作经历；

3. 具有诚实正直、踏实严谨的工作作风；

4. 具有谦虚冷静、尊重他人的工作态度；

5. 具有客观公正、廉洁无私的职业道德；

6. 具有较强的理解能力及口头和书面的表达能力；

7. 具有较强的调查、分析、判断、归纳能力；

8. 熟练掌握一门以上的专业知识。

第二十条 评审组成员由中级和以上注册诊断师及水利行业专家组成，由水利质协择优聘任。

第二十一条 为提高评审水平，培养新生力量，由具备注册初级和以上诊断师资格的人员，作为见习评委参加评审组。在评审过程中同时对见习评委的能力进行评价，结果作为申请注册中级诊断师的条件之一。

第八章 表 彰 奖 励

第二十二条 水利行业质量管理小组成果评审活动设一等奖、二等奖、三等奖、鼓励奖。对获得一等奖和二等奖的小组授予水利行业优秀质量管理小组称号。

第二十三条 中国水利电力质量管理协会对活动中获奖的单位和个人予以表彰并颁发奖牌、证书。拟每年召开表彰大会现场颁奖。

第二十四条 对质量管理小组活动中获奖的企事业单位和个人，可以在水利质协网站、水利系统杂志和报纸等媒体上进行公告和宣传。水利质协精选部分优秀 QC 成果，编辑当年《水利行业优秀QC 成果汇编》，并印发各会员单位交流学习。

第二十五条 获奖小组和个人由所在单位可参照原国经贸〔1997〕147 号文的通知精神给予奖励。

第九章 附 则

第二十六条 本办法为指导性文件,水利行业各组织可参照执行,并根据实际情况制定相应实施细则。

第二十七条 本办法解释权属中国水利电力质量管理协会水利分会。

附件 2 水利行业质量管理小组成果评审细则

一、QC 小组成果评审评分为两部分组成

1. 资料评审(70%)

(1)资料评审包括:成果内容评审 60%、申报资料评审 10%;

(2)各单位推荐的成果提前由协会负责分组,分别给专家评委评分,并写出书面点评意见。专家评委在发布会前集中评价确定成果资料成绩;

(3)成果内容评审以申报时报送的成果材料为准,不对补充报送材料进行评审;评审要求参照《水利行业 QC 小组活动成果发表评审表》要求执行,按满分 100 分进行评分;

(4)申报资料评审按照《QC 小组成果申报资料评分表》要求执行,按满分 10 分进行评分;

(5)每个 QC 小组成果由两个专家评委分别评分,然后计算平均分。如两个专家评委评分相差较大,即超过 10 分,由水利质协进行再评审并确定最后得分。

2. 会场发表评审(30%)

(1)会场发表评审组由专家评审组和见习评审组(必要时)组成;

(2)发表最后得分统计采用本单位评委回避、直接加权平均法,或分别去掉最高分、最低分后加权平均法取得。

二、会场发表评分标准

QC 成果会场发表评分标准采用水利质协公布的《水利行业 QC 小组活动成果发表评审表》中的评分标准赋分,从成果的选题、原因

分析、对策与措施、效果、发表和小组特点六个方面进行综合评分，满分为 100 分。计算综合成绩时乘以 30%。

三、评审组

1. 专家评审组(90 分)

QC 小组成果现场发布评审组由单数评审专家组成，评审专家负责按评审标准进行评分和现场提问，会场由评审组组长主持。

2. 见习评委组(10 分)

由各 QC 申报单位推荐 1 名已经取得水利质协 QC 小组诊断师资格的人员，报水利质协批准后担任，参与点评与评分。对见习评委的能力评价，是其申请注册中级诊断师的条件之一。

四、成果发布人要求

(1)参加 QC 小组成果现场发布的发布人必须是参加该小组活动的人员，非小组人员发布的，发表分 10 分计为 0 分；

(2)每人只能参加 1 个 QC 成果的发布；

(3)未参与现场发布的 QC 小组成果，其综合成绩为资料评审分。

五、成果发布时间要求

评审组组长掌握会场成果发表的时间和总体进度，每个小组成果的发布时间控制在 15 分钟以内，评委提问时间控制在 5 分钟以内。每个成果发表 12 分钟时工作人员给予提示，超过 15 分钟扣发表折算分，每超一分钟扣 1 分(不足一分钟按 1 分钟计算)，超时到 17 分，由评审组组长礼貌劝其终止。未在规定时间内发布完成的发表分一项最多扣 5 分。

六、QC 小组发布顺序及发布会要求

(1)各个 QC 小组的成果发布顺序按会前抽签确定的顺序进行

发布,不得随意变更;

(2)各参会代表应遵守会场纪律,不得无故离场,保持会场肃静。有特殊情况须向会务组请假。严重影响会场秩序的行为将被取消该小组或单位的发布成绩。

七、评分统计

(1)综合评审成绩 100% = 资料评审 70% + 会场发表评审 30%;

(2)资料评审 70% = 成果内容评审 60% + 申报资料评审 10%;

(3)会场发表评审 30%(满分 100 分 = 专家评委 90 分 + 见习评委 10 分);

(4)评分的统计与复核应由不同工作人员完成;

(5)会场发表分由评审组组长现场宣布;

(6)综合评审成绩由水利质协宣布。

八、评审成绩

所有 QC 小组成果全部发布结束后,经评审组对统计分数进行核定,并将成果现场发布的会场发表评审得分与资料评审得分相加后,确定最后的排名顺序,由水利质协宣布评审结果和获奖等级。

(1)对综合成绩达到 80 分及以上的 QC 小组授予水利行业优秀质量管理小组称号并确定一等奖或二等奖;

(2)一等奖中择优推荐全国优秀质量管理小组;综合成绩第一名代表水利行业推荐参加全国质量管理小组代表会议的发布展示;

(3)综合成绩 65 分—80 分的 QC 成果为三等奖;

(4)其余参评的 QC 成果为鼓励奖。

QC小组成果申报资料评分表

小组名称：_____   课题编号：_____

序号	评审项目	评审内容	配分	得分
1	报告单	(1)下载水利质协网站当年最新表格,认真填写并盖章	3	
		(2)一式两份,一份装订在QC成果封面下,一份单独提交		
		(3)提交电子版文件与盖章的报告单一致并且信息准确		
		(4)报告单篇幅控制在2页,简明扼要介绍小组成员及活动过程和效果		
		(5)三个诊断师把关、签字及本单位评审点评意见		
		(6)QC小组人数≤10人		
2	QC成果集萃模板	水利质协网站下载集萃模板,认真填写,集萃汇编用于发布会评审	1	
3	成果报告材料	(1)提交word版QC成果材料一份,简单胶装	3	
		(2)QC成果材料字体、格式,符合当年QC成果汇编稿纸样要求		
		(3)提交QC成果的PowerPoint版与word电子版,单个文件应小于10M		
4	推荐表	申报单位主管部门应认真填写推荐表,盖章并提交		
5	统计年报表	申报单位主管部门应认真填写《水利系统质量管理小组活动统计年表》盖章并提交	2	
6	QC诊断师汇总表	申报单位主管部门应认真填写《QC诊断师汇总表》盖章并提交		
7	报送时间	按照规定时间报送所有资料,申报资料标明申报单位名称	1	
总体评价				

总得分：_____   评委：_____   年　月　日

水利行业 QC 小组活动成果发表评审表

小组名称：＿＿＿＿＿＿＿＿＿＿＿＿＿＿＿＿＿　　课题编号：＿＿＿＿＿＿＿＿＿＿

序号	评审项目	评审内容	配分	得分
1	选题	(1)所选课题应与上级方针目标相结合,或是本小组现场急需解决的问题	8～15分	
		(2)课题名称要简洁明确地直接针对所存在的问题		
		(3)现状已清楚掌握,数据充分,并通过分析已明确问题的症结所在		
		(4)现状已为制定目标提供了依据		
		(5)目标设定不要过多,并有量化的目标值和有一定依据		
		(6)工具运用正确、适宜		
2	原因分析	(1)应针对问题的症结来分析原因,因果关系要明确、清楚	13～20分	
		(2)原因要分析透彻,一直分析到可直接采取对策的程度		
		(3)主要原因要从末端因素中选取		
		(4)应对所有末端因素都进行要因确认,并且是用数据、事实客观地证明是主要原因		
		(5)工具运用正确、适宜		
3	对策与实施	(1)应针对所确定的主要原因,逐条制定对策	13～20分	
		(2)对策应按"5W1H"的原则制订,每条对策在实施后都能检查是否已完成(达到目标)及有无效果		
		(3)要按对策表逐条实施,且实施后的结果都有所交待		
		(4)大部分的对策是由本组成员来实施的,遇到困难能努力克服		
		(5)工具运用正确、适宜		

序号	评审项目	评审内容	配分	得分
4	效果	(1)取得效果后与原状比较,确认其改进的有效性,与所制定的目标比较,看其是否已达到	13～20分	
		(2)取得经济效益的计算实事求是、无夸大		
		(3)已注意了对无形效果的评价		
		(4)改进后的有效方法和措施已纳入有关标准,并按新标准实施		
		(5)改进后的效果能维持、巩固在良好的水准,并用图表表示出巩固期的数据		
		(6)工具运用正确、适宜		
5	发表	(1)发表资料要系统分明,前后连贯逻辑性好	5～10分	
		(2)发表资料要通俗易懂,应以图、表、数据为主,避免通篇文字、照本宣读		
6	特点	统计方法运用突出,有特色,具有启发性	8～15分	
总体评价				

总得分:＿＿＿＿＿ 评委:＿＿＿＿＿ 年 月 日

创新型课题 QC 小组活动成果发表评审表

小组名称：_____　　　　　　课题编号：_____

序号	评审项目	评审内容	配分	得分
1	选题	(1)题目选定是否有创新的含义 (2)选题的理由、必要性要具体充分 (3)目标要具挑战性，并要有量化的目标和分析	13～20分	
2	提出方案确定最佳方案	(1)应充分、广泛地提出方案 (2)确定最佳方案要分析透彻，事先评价，科学决策，必要时要作模拟试验 (3)工具运用正确、适宜	20～30分	
3	对策与实施	(1)按"5W1H"的原则制定对策表 (2)按对策表逐条实施，每条对策实施后的结果都有交代 (3)工具运用正确、适宜	13～20分	
4	效果	(1)确认效果并与目标比较 (2)经济效益的计算实事求是，无夸大 (3)注意了活动过程及对无形效果的评价 (4)成果已发挥作用并纳入有关标准及管理规范	8～15分	
5	发表	(1)发表资料要系统分明，前后连贯，逻辑性好 (2)发表资料应以图、表、数据为主，通俗易懂，不用专业性较强的词句和内容 (3)发表时要从容大方，有礼貌地讲成果 (4)回答问题时诚恳、简要、不强辩	6～10分	
6	特点	(1)课题具体务实 (2)充分体现小组成员的创造性	0～5分	
总体评价				

总得分：_____　评委：_____　　　　　　年　　月　　日

157

QC 小组活动成果现场评审表

小组名称：＿＿＿＿＿＿＿＿＿＿＿　　　　课题名称：＿＿＿＿＿＿＿＿＿

序号	评审项目	评审内容	配分	得分
1	QC 小组的组织	(1)要按有关规定进行小组登记和课题登记	7～15分	
		(2)小组活动时,小组成员的出勤情况		
		(3)小组成员参与分担组内工作的情况		
2	活动情况与活动记录	(1)活动过程按 QC 小组活动程序进行	20～40分	
		(2)取得数据的各项原始记录能妥善保存		
		(3)活动记录完整、真实,并能反映活动的全过程		
		(4)每一阶段的活动能按计划完成		
		(5)活动记录的内容与成果报告的一致性		
3	活动成果及成果的维持巩固	(1)对成果内容进行了核实和确认,并已达到所制定的目标	15～30分	
		(2)取得的经济效益已得到财务部门的认可		
		(3)改进的有效措施已纳入有关标准		
		(4)现场已按新的标准作业,并把成果巩固在较好的水准上		
4	QC 小组教育	(1)小组成员对 QC 小组活动程序了解情况	7～15分	
		(2)小组成员对方法、工具的了解掌握情况		
总分			100	
总体评价				
评委签名		年　月　日		

附件3 水利行业质量管理小组活动诊断师注册管理办法

第一章 总 则

第一条 为加强水利行业质量管理小组活动诊断师队伍建设，健全制度、规范管理，培养具有理论知识和实践能力的各级质量管理小组活动诊断师人才，科学有效的对质量管理小组活动进行咨询、指导和评价，特制定本办法。

第二条 本办法规定了中国水利电力质量管理协会水利分会（以下简称水利质协）实行水利行业质量管理小组活动诊断师注册的具体要求，旨在保证注册人员水准及其一致性。

第三条 本办法适用于所有向水利质协提出注册申请的企业、事业单位和社会团体中从事质量专业及相关工作的人员。用于质量管理小组活动的咨询、指导和评价。

第四条 水利行业质量管理小组活动诊断师注册设立初级诊断师、中级诊断师、高级诊断师三个级别。

第五条 水利质协负责水利行业质量管理小组活动诊断师申请人的资格审查、级别评定和注册。

第二章 注册条件和要求

第六条 注册水利行业质量管理小组活动诊断师的申请人应符合相应级别的条件，参加水利质协组织的质量管理小组活动诊断师培训并取得培训合格证。考试要求参见《水利行业质量管理小组活动诊断师培训考试大纲》。

第七条 初级诊断师注册要求和条件：

1. 申请人应具有国家承认的大专以上学历；

2. 申请人应具有三年以上从事与质量相关的专业技术或管理岗位的工作经历，具有初级以上技术职称；

3. 申请人须通过水利质协组织的水利行业质量管理小组活动诊断师考评，考试合格并取得证书。考试合格三年内未申请注册者，考试成绩自动作废；

4. 申请人应能够指导本单位 QC 小组活动，具备对 QC 小组活动书面和现场评价能力；

5. 已经取得原水利质协颁发的诊断师证书在有效期内，可直接申请注册初级诊断师；

6. 初级诊断师可以担任水利行业 QC 评审发布会见习评委工作，满足现场评委要求后可进入水利质协 QC 评审专家库。

第八条 中级诊断师注册要求和条件：

1. 申请人须具备初级诊断师资格和中级以上技术职称；

2. 申请人近三年内至少参加一次由水利质协组织的质量管理小组活动诊断师提高班，考试合格并取得证书。考试合格二年内未申请注册者，考试成绩自动作废；

3. 能胜任水利行业 QC 发布会专家评委工作，准确指导和评价 QC 成果。

第九条 高级诊断师注册要求和条件：

1. 申请人须具备中级诊断师资格；

2. 申请人近三年内至少参加一次由水利质协组织的质量管理小组活动高级诊断师研讨班，考核合格并取得证书；

3. 独立撰写两篇以上有关质量管理论文并在全国性刊物发表，或为相关专业正式出版书籍的主要作者；

4. 申请人近三年内需具备以下条件：

(1)能胜任水利行业 QC 小组成果发表会评委；

(2)能胜任水利行业 QC 小组活动培训班讲师；

(3)指导 QC 小组活动 10 个以上,其中 2 个以上成果获全国优秀奖。

第三章　注 册 申 报

第十条　申请人需填写相应级别的《水利行业质量管理小组活动诊断师注册申报表》,并提供相关的证实性材料。

第十一条　注册初级诊断师须提供：

1. 身份证复印件；

2. 大专以上学历证明复印件；

3. 初级以上技术职称复印件；

4. 水利行业诊断师培训证书复印件；

5. 质量工作经历。

第十二条　注册中级诊断师须提供：

1. 身份证复印件；

2. 初级诊断师注册证书复印件；

3. 诊断师提高班培训证书复印件；

4. 中级以上技术职称复印件；

5. 担当见习评委资历证明。

第十三条　注册高级诊断师须提供：

1. 身份证复印件；

2. 中级诊断师注册证书复印件；

3. 诊断师研讨班考核证书复印件；

4. 出版书籍或发表论文复印件(含杂志封面、目录)；

5. 担当水利行业 QC 小组成果发表会评委经历证明；

6. 担当水利行业 QC 小组培训班讲师经历证明；

7. 指导水利行业 QC 小组成果报告、证明及获奖证书的复印件。

第十四条 申请注册流程：

1. 了解《水利行业质量管理小组活动诊断师注册管理办法》，确认本人符合申请条件；

2. 参加水利质协组织的相应级别诊断师培训且成绩合格；

3. 填写相应级别的《水利行业质量管理小组活动诊断师注册申报表》，提供相应的证实性材料；

4. 水利质协负责审查相关资料并决定是否准予注册。

第四章 证书的保持

第十五条 申请人可在注册证书有效期内参加一次由水利质协的相应级别诊断师培训，即可申请同一级别注册证书的保持。

第十六条 填写《水利行业质量管理小组活动诊断师再注册申报表》，并按要求提供相关材料。

第五章 行 为 准 则

第十七条 水利行业质量管理小组活动注册诊断师须遵守以下行为准则：

1. 遵守并贯彻国家有关的方针政策、法律法规；

2. 实事求是，恪守职业道德；

3. 承担本人具备能力范围内的活动。

第六章 附 则

第十八条 经评定符合要求的申请人，水利质协准予注册，颁发"水利行业质量管理小组活动初级/中级/高级"注册证书,证书有效期为三年。

  第十九条 本办法的解释权为中国水利电力质量管理协会水利分会。

  第二十条 本办法自 2012 年 2 月 1 日起实施。

水利行业质量管理小组活动初级诊断师注册申报表

推荐单位或部门（盖章）：＿＿＿＿＿＿＿＿＿＿　　编号：＿＿＿＿＿＿

姓名		年龄		性别		学历		一寸免冠证件照（用于存档）
身份证号				从事质量工作年限				
工作单位					所在部门			
技术职称			职务					
通讯地址					邮政编码			
联系电话					电子邮箱			

参加水利诊断师培训	时间＿＿＿＿＿地点＿＿＿＿＿批次＿＿＿＿＿证书号＿＿＿＿＿
证实性材料	1. 身份证复印件 2. 学历证明复印件 3. 技术职称复印件 4. 水利行业诊断师培训证书复印件
个人承诺	本人承诺遵守诊断师行为准则，提供材料属实，如有问题，责任自负。 　　申请人签名（单位公章）：　　　　　　　　年　　月　　日
审核意见	□ 同意注册　□ 不同意注册　　　　□ 同意注册　□ 不同意注册 初审人：　　　日期：　　　　　　审核人：　　　日期：
注册证书	证书编号＿＿＿＿＿＿＿＿＿　注册日期＿＿＿＿＿＿＿＿＿

164

水利行业质量管理小组活动中级诊断师注册申报表

一寸免冠
证件照
（用于办证）

推荐单位或部门（盖章）：_____ 　编号：_____

姓名		年龄		性别		技术职称		
身份证号						职务		一寸免冠证件照（用于存档）
工作单位						所在部门		
通讯地址						邮政编码		
联系电话		电子邮箱				初级诊断师注册证书号		
参加水利诊断师提高班	时间_____地点_____批次_____证书号_____							
证实性材料	1. 身份证复印件 2. 初级诊断师注册证书复印件、提高班培训证书复印件 3. 担当评委资历证明（成果发表会主办单位公章）							
个人承诺	本人承诺遵守诊断师行为准则，提供材料属实，如有问题，责任自负。 申请人签名（单位公章）：　　　　　年　　月　　日							
审核意见	□ 同意注册　□ 不同意注册 初审人：　　　　日期：			□ 同意注册　□ 不同意注册 审核人：　　　　日期：				
注册证书	证书编号_____　注册日期_____							

165

水利行业质量管理小组活动高级诊断师注册申报表

一寸免冠证件照（用于办证）

推荐单位或部门(盖章)：＿＿＿＿＿＿＿＿＿＿　　　　编号：＿＿＿＿＿＿＿

姓名		年龄		性别		技术职称		一寸免冠证件照（用于存档）
身份证号						职务		
工作单位						所在部门		
通讯地址						邮政编码		
联系电话				电子邮箱				
中级诊断师注册证书号			参加高级诊断师研讨班			时间＿＿＿＿地点＿＿＿		
个人经历	1. 担当水利行业 QC 小组成果发布会评委，＿＿＿＿＿＿年。 2. 担当水利行业 QC 小组活动培训班讲师，＿＿＿＿＿次。 3. 咨询指导水利行业 QC 小组活动＿＿＿＿＿个，其中＿＿＿＿＿个获国家优秀成果，							
论文/书籍	1. 论文题目＿＿＿＿＿＿　发表刊物＿＿＿＿＿＿＿ 　论文题目＿＿＿＿＿＿　发表刊物＿＿＿＿＿＿＿ 2. 书籍名称＿＿＿＿＿＿　出版社＿＿＿＿＿＿＿＿							
证实性材料	1. 身份证复印件 2. 中级诊断师注册证书复印件、高级诊断师培训证书复印件 3. 出版书籍或发表论文复印件(含书籍封面、目录) 4. 担当水利行业 QC 小组成果发表会评委资历证明 5. 担当水利行业 QC 培训班讲师资历证明 6. 指导水利行业 QC 小组成果报告、证明及获奖证书的复印件							
个人承诺	本人承诺遵守诊断师行为准则,提供材料属实,如有问题,责任自负。 　申请人签名(单位公章)：　　　　　　　　　年　　月　　日							
审核意见	□ 同意注册　　□ 不同意注册 初审人：　　　　日期：		□ 同意注册　　□ 不同意注册 审核人：　　　　日期：					
注册证书	证书编号＿＿＿＿＿＿＿＿		注册日期＿＿＿＿＿＿＿＿＿					

166

水利行业质量管理小组活动诊断师再注册申报表

申请再注册的诊断师级别：□初级诊断师　□中级诊断师　□高级诊断师

姓名		年龄		性别		学历		一寸免冠证件照（用于存档）
身份证号				从事质量工作年限				
工作单位				所在部门				
技术职称				职务				
通讯地址					邮政编码			
联系电话					电子邮箱			
三年内接受培训情况	初级诊断师：时间＿＿＿地点＿＿＿批次＿＿＿证书号＿＿＿＿＿							
	中级诊断师：时间＿＿＿地点＿＿＿批次＿＿＿证书号＿＿＿＿＿							
	高级诊断师：时间＿＿＿地点＿＿＿期次＿＿＿证书号＿＿＿＿＿							
证实性材料	1. 原注册证书复印件 2. 近三年培训证书复印件 3. 提供近三年内证实性材料							
承诺说明	本人承诺遵守诊断师行为准则，提供材料属实，如有问题，责任自负。 　　　申请人签名(单位公章)：　　　　　　　年　月　日							
审核意见	□ 同意注册　□ 不同意注册 初审人：　　　　日期：			□ 同意注册　□ 不同意注册 审核人：　　　　日期：				
注册证书	证书编号＿＿＿＿＿＿　　注册日期＿＿＿＿＿＿							

附件 4 常用数据表

附表 4-1 常用正交表[$L_4(2^3)$]

试验号 \ 列号	1	2	3
1	1	1	1
2	2	1	2
3	1	2	2
4	2	2	1

附表 4-2 常用正交表[$L_8(2^7)$]

试验号 \ 列号	1	2	3	4	5	6	7
1	1	1	1	2	2	1	2
2	2	1	2	2	1	1	1
3	1	2	2	2	2	2	1
4	2	2	1	2	1	2	2
5	1	1	2	1	1	2	2
6	2	1	1	1	2	2	1
7	1	2	1	1	1	1	1
8	2	2	2	1	2	1	2

附表 4-3　常用正交表［$L_{16}(2^{15})$］

试验号＼列号	1	2	3	4	5	6	7	8	9	10	11	12	13	14	15
1	1	1	1	2	2	1	2	1	2	2	1	1	1	2	2
2	2	1	2	2	1	1	1	1	1	2	2	1	2	2	1
3	1	2	2	2	2	2	1	1	2	1	2	1	1	1	1
4	2	2	1	2	1	2	2	1	1	1	1	1	2	1	2
5	1	1	2	1	1	2	2	1	2	2	2	2	2	1	2
6	2	1	1	1	2	2	1	1	1	2	1	2	1	1	1
7	1	2	1	1	1	1	1	1	2	1	1	2	2	2	1
8	2	2	2	1	2	1	2	1	1	1	2	2	1	2	2
9	1	1	1	1	2	2	1	2	1	1	2	1	2	2	2
10	2	1	2	1	1	2	2	2	2	1	1	1	1	2	1
11	1	2	2	1	2	1	2	2	1	2	1	1	2	1	1
12	2	2	1	1	1	1	1	2	2	2	2	1	1	1	2
13	1	1	2	2	1	1	1	2	1	1	1	2	1	1	2
14	2	1	1	2	2	1	2	2	2	1	2	2	2	1	1
15	1	2	1	2	1	2	2	2	1	2	2	2	1	2	1
16	2	2	2	2	2	2	1	2	2	2	1	2	2	2	2

附表 4-4　常用正交表［$L_{12}(2^{11})$］

试验号＼列号	1	2	3	4	5	6	7	8	9	10	11
1	1	1	1	2	2	1	2	1	2	2	1
2	2	1	2	1	2	1	1	2	2	2	2
3	1	2	2	2	2	2	1	2	2	1	1
4	2	2	1	1	2	2	2	2	1	2	1
5	1	1	2	2	1	2	2	2	1	2	2
6	2	2	1	1	2	2	2	1	2	1	1
7	1	2	2	1	1	1	2	2	2	1	2
8	2	2	1	2	1	2	1	1	2	2	2
9	1	1	1	1	2	2	1	1	1	1	2
10	2	1	1	2	1	1	1	2	1	1	1
11	1	2	2	1	1	1	1	1	1	2	1
12	2	2	2	2	2	1	2	1	1	1	2

附表 4-5　常用正交表[$L_9(3^4)$]

试验号 \ 列号	1	2	3	4
1	1	1	3	2
2	2	1	1	1
3	3	1	2	3
4	1	2	2	1
5	2	2	3	3
6	3	2	1	2
7	1	3	1	3
8	2	3	2	3
9	3	3	3	1

附表 4-6　常用正交表[$L_8(4\times2^4)$]

试验号 \ 列号	1	2	3	4	5
1	1	1	2	2	1
2	3	2	2	1	1
3	2	2	2	2	2
4	4	1	2	1	2
5	1	2	1	1	2
6	3	1	1	2	2
7	2	1	1	1	1
8	4	2	1	2	1

附表 4-7 常用正交表[$L_{16}(4^5)$]

列号 试验号	1	2	3	4	5
1	1	2	3	2	3
2	3	4	1	2	2
3	2	4	3	3	4
4	4	2	1	3	1
5	1	3	1	4	4
6	3	1	3	4	1
7	2	1	1	1	3
8	4	3	3	1	2
9	1	1	4	3	2
10	3	3	2	3	3
11	2	3	4	2	1
12	4	1	2	2	4
13	1	4	2	1	1
14	3	2	4	1	4
15	2	2	2	4	2
16	4	4	4	4	3

附表 4-8　常用正交表[$L_{16}(4^4 \times 2^3)$]

试验号 列号	1	2	3	4	5	6	7
1	1	2	3	2	2	1	2
2	3	4	1	2	1	2	2
3	2	4	3	3	2	2	1
4	4	2	1	3	1	1	1
5	1	3	1	4	2	2	1
6	3	1	3	4	1	1	1
7	2	1	1	1	2	1	2
8	4	3	3	1	1	2	2
9	1	1	4	3	1	2	2
10	3	3	2	3	2	1	2
11	2	3	4	2	1	1	1
12	4	1	2	2	2	2	1
13	1	4	2	1	1	1	1
14	3	2	4	1	2	2	1
15	2	2	2	4	1	2	2
16	4	4	4	4	2	1	2

附表 4-9 常用正交表[$L_{16}(4^3 \times 2^6)$]

列号 试验号	1	2	3	4	5·	6	7	8	9
1	1	2	3	1	2	2	1	1	2
2	3	4	1	1	1	2	2	1	2
3	2	4	3	2	2	1	2	1	1
4	4	2	1	2	1	1	1	1	1
5	1	3	1	2	2	2	2	2	1
6	3	1	3	2	1	2	1	2	1
7	2	1	1	1	2	1	1	2	2
8	4	3	3	1	1	1	2	2	2
9	1	1	4	2	1	1	2	1	2
10	3	3	2	2	2	1	1	1	2
11	2	3	4	1	1	2	1	1	1
12	4	1	2	1	2	2	2	1	1
13	1	4	2	1	1	1	1	2	1
14	3	2	4	1	2	1	2	2	1
15	2	2	2	2	1	2	2	2	2
16	4	4	4	2	2	2	1	2	2

附表 4-10　常用正交表$[L_{16}(4^2 \times 2^9)]$

列号 试验号	1	2	3	4	5	6	7	8	9	10	11
1	1	2	2	1	1	2	2	1	1	1	2
2	3	4	1	1	1	1	2	2	1	2	2
3	2	4	2	2	1	2	1	2	1	1	1
4	4	2	1	2	1	1	1	1	1	2	1
5	1	3	1	2	1	2	2	2	2	2	1
6	3	1	2	2	1	1	1	2	1	1	1
7	2	1	1	1	1	2	1	1	2	2	2
8	4	3	2	1	1	1	1	2	2	1	2
9	1	1	2	2	2	1	1	2	1	2	2
10	3	3	1	2	2	2	1	1	1	1	2
11	2	3	2	1	2	1	2	1	1	2	1
12	4	1	1	1	2	2	2	2	1	1	1
13	1	4	1	1	2	1	1	1	2	1	1
14	3	2	2	1	2	2	1	2	2	2	1
15	2	2	1	2	2	1	2	2	2	1	2
16	4	4	2	2	2	2	2	1	2	2	2

附表 4-11 标准正态分布函数表

$$\Phi(x) = \int_{-\infty}^{x} \frac{1}{\sqrt{2\pi}} e^{\frac{u^2}{2}} du$$

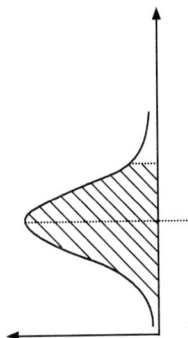

$\varphi(x)$ x	0	0.01	0.02	0.03	0.04	0.05	0.06	0.07	0.08	0.09
0.0	0.500000	0.503989	0.507978	0.511966	0.515953	0.519939	0.523922	0.527903	0.531881	0.535856
0.1	0.539828	0.543795	0.547758	0.551717	0.555670	0.559618	0.563559	0.567495	0.571424	0.575345
0.2	0.579260	0.583166	0.587064	0.590954	0.594835	0.598706	0.602568	0.606420	0.610261	0.614092
0.3	0.617911	0.621720	0.625516	0.629300	0.633027	0.636831	0.640576	0.644309	0.648027	0.651732
0.4	0.655422	0.659097	0.662757	0.666402	0.670031	0.673645	0.677242	0.680822	0.684386	0.687933
0.5	0.691462	0.694974	0.698468	0.701944	0.705401	0.708840	0.712260	0.715661	0.719043	0.722405
0.6	0.725747	0.729069	0.732371	0.735653	0.738914	0.742154	0.745373	0.748571	0.751748	0.754903
0.7	0.758036	0.761148	0.764238	0.767305	0.770350	0.773373	0.776373	0.779350	0.782305	0.785236
0.8	0.788145	0.791030	0.793892	0.796731	0.799546	0.802337	0.805105	0.807850	0.810570	0.813267

$\varphi(x)$ x	0	0.01	0.02	0.03	0.04	0.05	0.06	0.07	0.08	0.09
0.9	0.815940	0.818589	0.821214	0.823814	0.826391	0.828944	0.831472	0.833977	0.836457	0.838913
1.0	0.841345	0.843752	0.846136	0.848495	0.850830	0.853141	0.855428	0.857690	0.859929	0.862143
1.1	0.864334	0.866500	0.868643	0.870762	0.872857	0.874926	0.876976	0.879000	0.881000	0.882977
1.2	0.884930	0.886861	0.888768	0.890651	0.892512	0.894350	0.896165	0.897958	0.899727	0.901475
1.3	0.903200	0.904902	0.906582	0.908241	0.909877	0.911492	0.913085	0.914657	0.916207	0.917736
1.4	0.919243	0.920730	0.922196	0.923641	0.925066	0.926471	0.927855	0.929219	0.930563	0.931888
1.5	0.933193	0.934478	0.935745	0.936992	0.938220	0.939429	0.940620	0.941792	0.942947	0.944083
1.6	0.945201	0.946301	0.947384	0.948449	0.949497	0.950529	0.951543	0.952540	0.953521	0.954468
1.7	0.955435	0.956367	0.957284	0.958185	0.959070	0.959941	0.960796	0.961636	0.962462	0.963273
1.8	0.964070	0.964852	0.965620	0.966375	0.967116	0.967843	0.968557	0.969258	0.969946	0.970621
1.9	0.971283	0.971933	0.972571	0.973197	0.973810	0.974412	0.975002	0.975581	0.976148	0.976705
2.0	0.977250	0.977784	0.978308	0.978822	0.979325	0.979818	0.980301	0.980774	0.981237	0.981691
2.1	0.982136	0.982571	0.982997	0.983414	0.983823	0.984222	0.984614	0.984997	0.985371	0.985738

$\varphi(x)$ x	0	0.01	0.02	0.03	0.04	0.05	0.06	0.07	0.08	0.09
2.2	0.986097	0.986447	0.986791	0.987126	0.987455	0.987776	0.988089	0.988396	0.988696	0.988989
2.3	0.989276	0.989556	0.989830	0.990097	0.990358	0.990613	0.990863	0.991106	0.991344	0.991576
2.4	0.991802	0.992024	0.992240	0.992451	0.992656	0.992857	0.993053	0.993244	0.993431	0.993613
2.5	0.993790	0.993963	0.994132	0.994297	0.994457	0.994614	0.994766	0.994915	0.995060	0.995201
2.6	0.995339	0.995473	0.995604	0.995731	0.995855	0.995975	0.996093	0.996207	0.996319	0.996427
2.7	0.996533	0.996636	0.996736	0.996833	0.996928	0.997020	0.997110	0.997197	0.997282	0.997365
2.8	0.997445	0.997523	0.997599	0.997673	0.997744	0.997814	0.997882	0.997948	0.998012	0.998074
2.9	0.998134	0.998193	0.998250	0.998305	0.998359	0.998411	0.998462	0.998511	0.998559	0.998605
3.0	0.998650	0.998694	0.998736	0.998777	0.998817	0.998856	0.998893	0.998930	0.998965	0.998999
3.1	0.999032	0.999065	0.999096	0.999126	0.999155	0.999184	0.999211	0.999238	0.999264	0.999289
3.2	0.999313	0.999336	0.999359	0.999381	0.999402	0.999423	0.999443	0.999462	0.999481	0.999499
3.3	0.999517	0.999534	0.999550	0.999566	0.999581	0.999596	0.999610	0.999624	0.999638	0.999660
3.4	0.999663	0.999675	0.999687	0.999698	0.999709.	0.999720	0.999730	0.999740	0.999749	0.999760

$\varphi(x)$ ＼ x	0	0.01	0.02	0.03	0.04	0.05	0.06	0.07	0.08	0.09
3.5	0.999767	0.999776	0.999784	0.999792	0.999800	0.999807	0.999815	0.999822	0.999828	0.999835
3.6	0.999841	0.999847	0.999853	0.999858	0.999864	0.999869	0.999874	0.999879	0.999883	0.999888
3.7	0.999892	0.999896	0.999900	0.999904	0.999908	0.999912	0.999915	0.999918	0.999922	0.999926
3.8	0.999928	0.999931	0.999933	0.999936	0.999938	0.999941	0.999943	0.999946	0.999948	0.999950
3.9	0.999952	0.999954	0.999956	0.999958	0.999959	0.999961	0.999963	0.999964	0.999966	0.999967
4.0	0.999968	0.999970	0.999971	0.999972	0.999973	0.999974	0.999975	0.999976	0.999977	0.999978
4.1	0.999979	0.999980	0.999981	0.999982	0.999983	0.999983	0.999984	0.999985	0.999985	0.999986
4.2	0.999987	0.999987	0.999988	0.999988	0.999989	0.999989	0.999990	0.999990	0.999991	0.999991
4.3	0.999991	0.999992	0.999992	0.999993	0.999993	0.999993	0.999993	0.999994	0.999994	0.999994
4.4	0.999995	0.999995	0.999995	0.999995	0.999996	0.999996	0.999996	0.999996	0.999996	0.999996
4.5	0.999997	0.999997	0.999997	0.999997	0.999997	0.999997	0.999997	0.999998	0.999998	0.999998
4.6	0.999998	0.999998	0.999998	0.999998	0.999998	0.999998	0.999998	0.999998	0.999999	0.999999
4.7	0.999999	0.999999	0.999999	0.999999	0.999999	0.999999	0.999999	0.999999	0.999999	0.999999
4.8	0.999999	0.999999	0.999999	0.999999	0.999999	0.999999	0.999999	0.999999	0.999999	0.999999
4.9	1.000000	1.000000	1.000000	1.000000	1.000000	1.000000	1.000000	1.000000	1.000000	1.000000

附表 4-12 控制图控制界限线的计算公式表

图别		中心线 (CL)	上控制界限线(UCL)	下控制界限线(LCL)
$\overline{X}-R$	$\overline{X}$	$\overline{\overline{X}}$	$\overline{\overline{X}}+A_2\overline{R}$	$\overline{\overline{X}}-A_2\overline{R}$
	R	$\overline{R}$	$D_4\overline{R}$	$D_2\overline{R}$
$\overline{X}-s$	$\overline{X}$	$\overline{\overline{X}}$	$\overline{\overline{X}}+A_3\overline{s}$	$\overline{\overline{X}}-A_3\overline{s}$
	s	s	$B_4\overline{s}$	$B_3\overline{s}$
$\widetilde{X}-R$	$\widetilde{X}$	$\overline{\widetilde{X}}$	$\overline{\widetilde{X}}+m_3A_2\overline{R}$	$\overline{\widetilde{X}}-m_2A_2\overline{R}$
	R	$\overline{R}$	$D_4\overline{R}$	$D_3\overline{R}$
$X-R_5$	X	$\overline{X}$	$\overline{X}+2.659\overline{R}_5$	$\overline{X}-2.659\overline{R}_5$
	R_5	$\overline{R}_5$	$3.267\overline{R}_5$	不考虑
p	$\overline{p}$		$\overline{p}+3\sqrt{\dfrac{p(1-p)}{n}}$	$\overline{p}-3\sqrt{\dfrac{p(1-p)}{n}}$
np	$\overline{np}$		$\overline{np}+3\sqrt{\overline{np}(1-\overline{p})}$	$\overline{np}-3\sqrt{\overline{np}(1-\overline{p})}$
u	$\overline{u}$		$\overline{u}+3\sqrt{\dfrac{u}{n}}$	$\overline{u}-3\sqrt{\dfrac{u}{n}}$
c	$\overline{c}$		$\overline{c}+3\sqrt{c}$	$\overline{c}-3\sqrt{c}$

附表 4-13 控制图系数选用表

n	2	3	4	5	6	7	8	9	10	11	12	13
A_2	1.880	1.023	0.729	0.577	0.483	0.149	0.373	0.337	0.308	0.285	0.266	0.249
A_3	2.659	1.954	1.628	1.427	1.287	1.182	1.099	1.032	0.975	0.927	0.886	0.850
D_4	3.267	2.575	2.282	2.115	2.004	1.924	1.864	1.816	1.777	1.744	1.717	1.693
B_4	3.267	2.568	2.266	2.089	1.970	1.882	1.815	1.761	1.716	1.679	1.646	1.618
E_2	2.660	1.772	1.457	1.290	1.134	1.109	1.054	1.010	0.975			
m_3A_2	1.880	1.187	0.796	0.691	0.549	0.509	0.43	0.41	0.36			
D_3	—	—	—	—	—	0.076	0.136	0.184	0.223	0.256	0.283	0.307
B_3	—	—	—	0.030	0.118	0.185	0.239	0.284	0.321	0.354	0.382	
d_2	1.128	1.693	2.059	2.326	2.534	2.704	2.847	2.970	3.078	3.173	3.258	3.336

"—"表示不考虑。

附件 5　QC 小组活动案例

本附件挑选了水利行业 2012 年发布 4 个典型 QC 成果案例,具有一定的代表性。这些成果不是范本,每个成果都有它的优点,但也存在不足之处。成果后面附有专家点评意见,案例仅供培训使用,请勿模拟。

案例一　降低消力池底板的水流脉冲强度

一、课题简介

亭子口水利枢纽位于四川省广元市苍溪县境内,是嘉陵江干流开发中唯一的控制性工程,是国家 2009 年西部大开发新开工建设的 18 项重点工程中唯一的重点水利工程。工程任务以防洪、灌溉及城乡供水、发电为主,兼顾航运,并具有拦沙减淤等效益。

亭子口工程泄洪底孔设计运行水头国内领先。一般工程底孔设计水头为 50～70m 左右,举世瞩目的三峡工程其设计水头也只有 85m,亭子口底孔设计水头达 87.3m,其泄洪消能设计成为工程关键技术难题(见附图 5-1-1)。

底孔泄洪时,高速水流产生漩涡形成负压区,水流内部释放大量气泡,气泡行至高压区突然溃灭,水流质点为填充气泡空间而快速移动形成高强度水流脉冲,频繁冲击消力池底,表面混凝土因频繁受冲击被剥离,引起消力池底板空蚀破坏,危及坝体稳定安全。因此专门成立了 QC 小组,研究如何降低亭子口底孔消力池底板的水流脉冲强度(见附图 5-1-2、附图 5-1-3)。

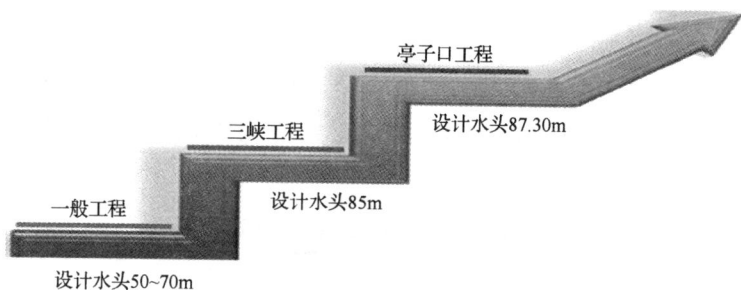

附图 5-1-1　水利工程底孔设计水头对比图

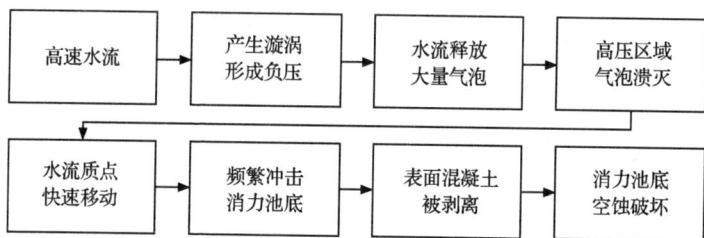

附图 5-1-2　消力池空蚀破坏逻辑图

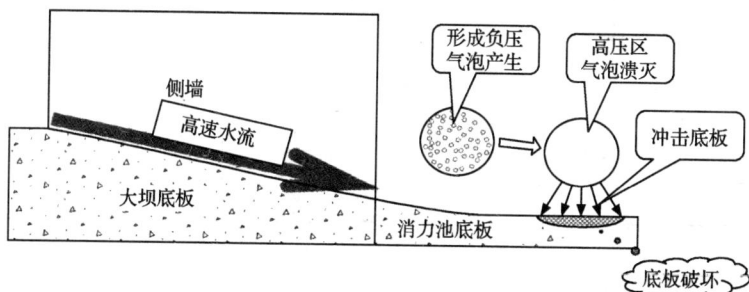

附图 5-1-3　消力池底板空蚀破坏示意图

二、小组概况

本 QC 小组共 9 名成员,由×××公司亭子口项目部主要设计人员组成,是一个技术全面、专业能力强的团队,基本情况见附表 5-1-1。

附表 5-1-1　QC 小组基本情况表

小组名称	水力学 QC 小组		
课题名称	降低消力池底板的水流脉冲强度		
成立时间	2011 年 3 月	课题类型	攻关型
注册日期	2011 年 3 月	注册号	CQC-11-04
活动时间	2011 年 3 月~2012 年 2 月	活动次数	9 次

小组人员情况

序号	姓名	组内职务	性别	年龄	文化程度	职务职称	受 QC 教育(h)
1	×××	组长	男	45	本科	室主工/高工	45
2	×××	组员	男	44	本科	室副主任/教高	45
3	×××	组员	男	33	硕士	高工	54
4	×××	组员	男	29	博士	工程师	45
5	×××	组员	男	48	本科	工程师	43
6	×××	组员	女	32	本科	工程师	43
7	×××	组员	男	29	本科	工程师	43
8	×××	组员	男	37	本科	工程师	43
9	×××	组员	男	27	大专	助工	43

三、选题理由

为满足工程运行安全要求,必须降低亭子口底孔消力池底板的水流脉冲强度(见附图 5-1-4)。

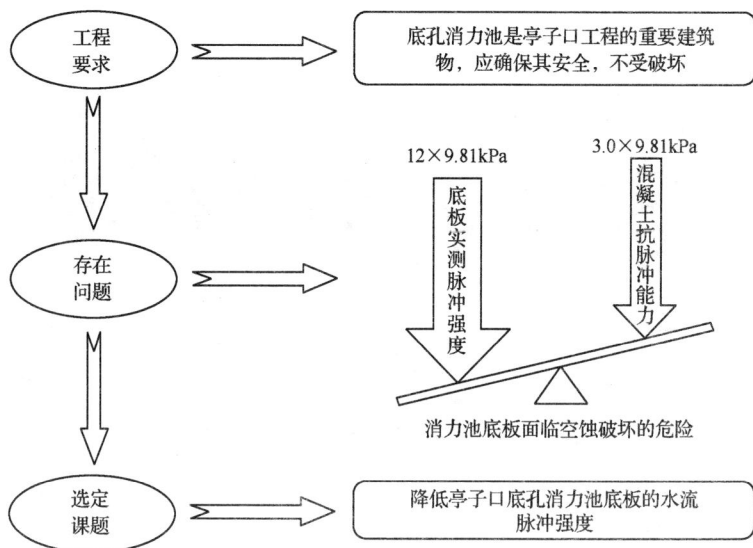

附图 5-1-4　选题理由图

四、现状调查

1. 现状一:混凝土抗脉冲能力 $P_{混凝土抗}$

混凝土消力池本身具有一定强度的抗脉冲能力,亭子口底孔消力池设计采用 $R_{28}400$ 混凝土,按照相关计算理论,底板抗脉冲能力 $P_{混凝土抗}=3.0\times9.81kPa$

2. 现状二:实测脉冲强度 $P_{实测}$

通过水力学模型试验,用仪器监测消力池底板上脉冲强度 $P_{实测}$,并绘制成波形图(见附图 5-1-5)。

最大脉冲强度 $P_{实测}=12.0\times9.81kPa$,大大超出了消力池底板抗脉冲能力 $P_{混凝土抗}=3.0\times9.81kPa$,消力池底板将发生空蚀破坏。

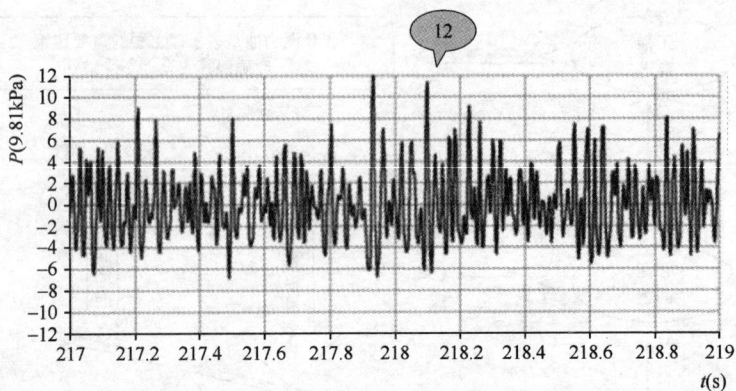

附图 5-1-5　消力池底板实测脉冲强度波形图

五、设定目标

1. 设定目标

消力池底板受到高强度的水流脉冲冲击是引起底板空蚀破坏的关键症结所在,只有减小消力池底板上的脉冲强度,使其小于混凝土抗脉冲能力 $P_{混凝土抗}$,才能确保底孔消力池安全运行。对于 R_{28} 400 混凝土,水流最大脉冲压力必须小于 $P_{混凝土抗}=3.0×9.81kPa$。

所以 QC 小组制定目标为:降低底板上的脉冲强度 $P_{实测}<P_{混凝土抗}=3.0×9.81kPa$(见附图 5-1-6)。

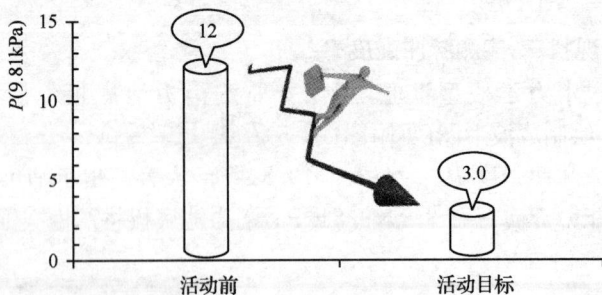

附图 5-1-6　活动目标图

2. 目标可行性分析

目标可能性分析见附图 5-1-7。

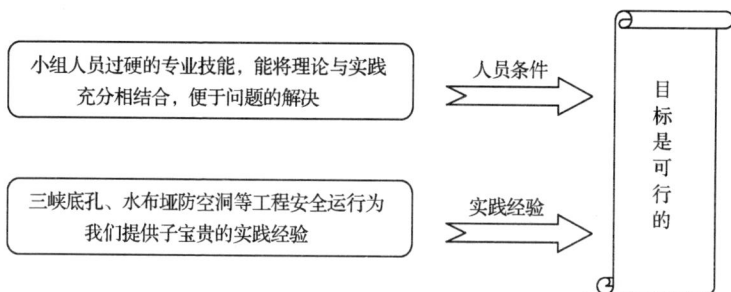

附图 5-1-7 目标可行性分析图

六、原因分析

小组成员利用头脑风暴法,着重分析水流脉冲破坏消力池底板的因素,绘制成树图(见附图 5-1-8)。

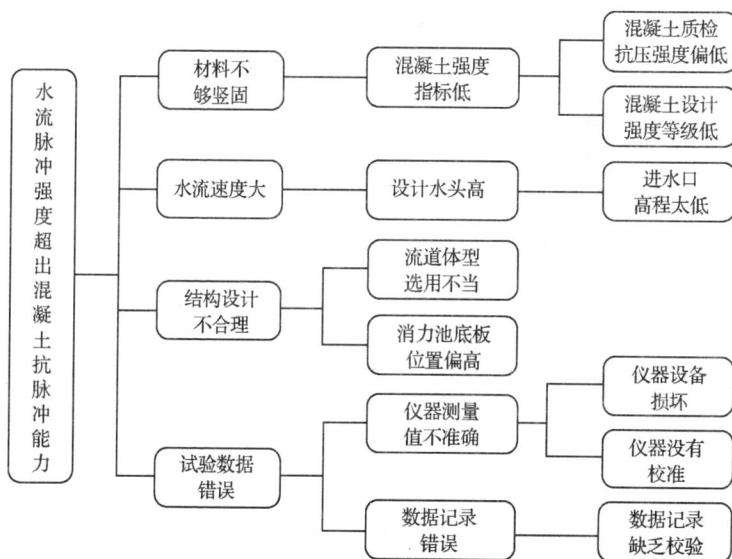

附图 5-1-8 原因分析树图

七、确定主要原因

详见附表 5-1-2。

附表 5-1-2　主要原因确认计划表

序号	末端原因	确认内容	确认方法	确认标准	负责人	完成日期（年.月.日）
1	混凝土质检抗压强度偏低	现场取混凝土试样送质检部门检查其抗压强度	现场检测	＞42.4MPa	夏国柱	2011.05.02
2	混凝土设计强度等级低	通过工程类比,确认设计强度等级是否偏低	讨论分析	混凝土强度等级达到 R_{28} 350 以上	曾令华 职承杰	2011.04.02
3	进水口高程太低	分析抬高进水口高程的可能性	计算分析	不允许抬高	颜天佑	2011.04.02
4	流道体型选用不当	选用不同流道体型,确认底板脉强度是否有显著减小	讨论分析 现场测量	脉冲强度减小幅度 ≤30%	雷长海 职承杰	2011.05.09
5	消力池底板位置偏高	降低消力池底板顶高程,确认底板脉冲强度是否有显著降低	讨论分析 现场测量	脉冲强度降低幅度 ≤30%	职承杰 黄星旻	2011.05.09
6	仪器设备损坏	检查仪器是否有质量问题	现场测试	仪器质量合格率达到 100%	柳雅敏	2011.05.02
7	仪器没有校准	验证仪器是否经过校准	现场测试	仪器初始值在 ±1cm 范围之内	薛维成 张波	2011.05.02
8	数据记录缺乏校验	核对数据是否有人员校验	讨论分析	数据校验率 100%	曾令华	2011.05.02

1. 主要原因确认一：混凝土质检抗压强度偏低

现场取混凝土试样,送至水利部长江科学院工程质量检测中心进行强度检测(见附图 5-1-9)。

附图 5-1-9　混凝土试样进行质量检测

检测结果为:混凝土抗压强度为 57.9MPa＞42.5MPa,满足确认标准要求。

结论:非主要原因。

2. 主要原因确认二：混凝土设计强度等级低

选择 5 个类似工程进行调查分析,其消力池混凝土设计强度等级见附表 5-1-3。

附表 5-1-3　不同工程消力池混凝土设计强度等级

工程 混凝土等级	皂市 水利枢纽	万安 水利枢纽	缅甸密松 水电站	高坝洲 水利枢纽	葛洲坝 水利枢纽
消力池混凝土设计 强度等级	$R_{28}350$	$R_{28}350$	$R_{28}400$	$R_{28}400$	$R_{28}400$

消力池混凝土设计强度等级一般采用 $R_{28}350$ 或 $R_{28}400$,亭子口底孔消力池混凝土设计强度等级采用 $R_{28}400$,在同类工程中属于较高水准。

结论：非主要原因。

3. 主要原因确认三：进水口高程太低

底孔进水口高程由亭子口工程泄洪、排沙等工程任务确定，不允许随意抬高。

结论：非要因。

4. 主要原因确认四：流道体型选用不当

作为底流消能的消力池，其流道体型通常有平底式和跌坎式两种，其断面见附图 5-1-10。

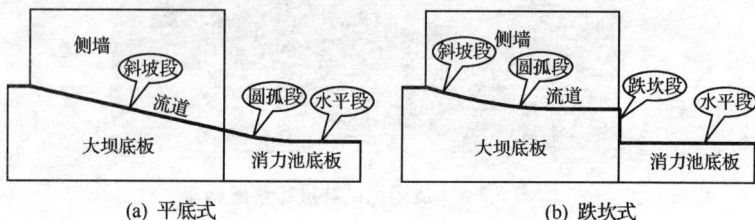

(a) 平底式   (b) 跌坎式

附图 5-1-10　流道体型对比图

将流道体型改换成跌坎式，与现在使用的平底式进行对比，消力池底板上的最大脉冲强度对比如附图 5-1-11 所示。

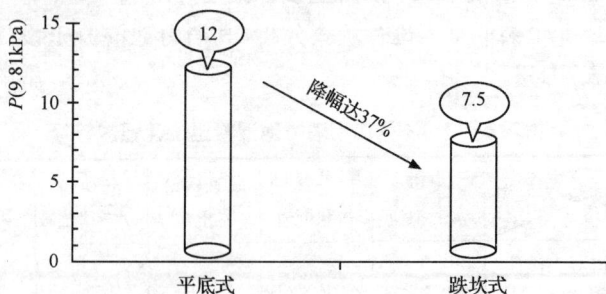

附图 5-1-11　流道体型脉冲强度对比图

与平底式相比，跌坎式流道体型最大脉冲强度下降至 $7.5 \times 9.81 kPa$，降幅达到 37%，超出确认标准（30%）。

结论:是主要原因。

5. 主要原因确认五:消力池底板位置偏高

消力池底板顶现设计高程为357m,在结构最大许可条件下,改变消力池底板顶高程,现场测量底板脉冲强度。消力池底板顶高程由357m降低到354m时,底板上的脉冲明显减小,最大强度由12.0×9.81kPa下降到7.9×9.81kPa,减幅达34%,超出确认标准(30%)。

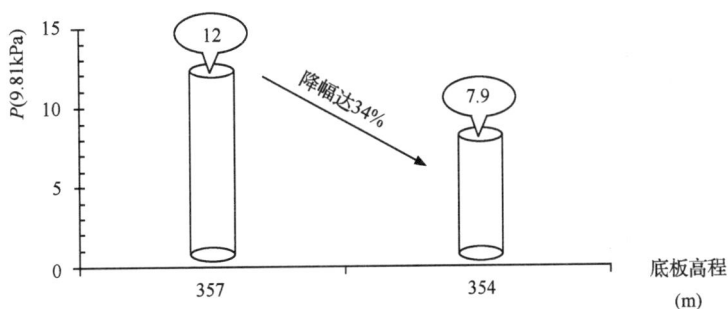

附图5-1-12 不同池底高程强度对比图

结论:是主要原因。

6. 主要原因确认六:试验仪器损坏

请专业技术人员对试验中用到的4台仪器进行质量检查,其结果见附表5-1-4。

附表5-1-4 试验仪器检验结果

仪器编号	1号	2号	3号	4号
检验员	检验员1	检验员1	检验员2	检验员2
检验日期(年.月.日)	2011.05.03	2011.05.03	2011.05.03	2011.05.03
质检结果	合格	合格	合格	合格
合格率	100%			

结论:非主要原因

7. 主要原因确认七:试验仪器没有校准

现场读取底板上布置的 4 个试验仪器初始值,其结果见附表 5-1-5。

附表 5-1-5　试验仪器校准结果

仪器编号	1 号	2 号	3 号	4 号
校准员员	校准员 1	校准员 1	校准员 2	校准员 2
日期(年.月.日)	2011.05.03	2011.05.03	2011.05.03	2011.05.03
初始值(cm)	0.2	0.3	0.1	0.2
结果	已校准	已校准	已校准	已校准

结论:非主要原因。

8. 主要原因确认八:数据记录缺乏校验

现场试验数据全部经过两人以上人员校核,数据记录校验率 100%。

结论:非主要原因。

通过以上分析,确定的主要原因为:①流道体型选用不当;②消力池底板位置偏高。

八、制定对策

小组成员在确定要因后,进行了充分讨论,制定了多条对策,然后运用矩阵图对其进行了分析、评估,并确定了最有效、最具可行性的对策(见附表 5-1-6、附表 5-1-7)。

附表 5-1-6　对策矩阵

序号	要因	对策	分析	评估				综合得分	选定对策
				实施效果	可实施性	经济性	不影响其他工作		
1	流道体型选用不当	改换成反坡式流道	1. 便于施工 2. 费用较低 3. 消能效果一般,消力池底板检修频率高	◎	☆	☆	☆	17	不选
		改换成跌坎式流道	1. 便于施工 2. 费用较低 3. 新型消能体型,消能效果好	☆	☆	□	☆	19	选定
2	消力池底板位置偏高	局部降低消力池底板	1. 便于施工 2. 费用小 3. 消力池内流态不稳,影响消能效果	△	□	☆	□	17	不选
		整体降低消力池底板	1. 易实施 2. 费用较高 3. 水流条件好,消力池内流态平顺,消能效果相对较好	☆	☆	□	☆	19	选定

注:☆5分;□4分;△3分;◎2分;○1分。

附表 5-1-7 对策表

序号	要因	对策	目标	措施	地点	完成时间（年-月）	负责人
1	流道体型选用不当	改换成跌坎式流道	消力池底板脉冲强度降幅达40%以上	1. 通过工程类比选择跌坎高度范围 2. 通过模型试验确定流道体型尺寸	水力学试验室	2011.08	雷长海 职承杰
2	消力池底板位置偏高	整体降低消力池底板	消力池底板脉冲强度降幅达30%以上	1. 调整底板设计高程，降低消力池底板顶高程1～3m（3m为结构许可的最大降幅） 2. 通过水力学模拟试验，对比不同顶高程底板脉冲强度，确定合适的底板高程	水力学试验室	2011.08	职承杰 黄星旻

九、实施对策

1. 对策一：改换成跌坎式流道

（1）翻阅大量已建（或在建）工程资料，选择具有代表性的部分工程进行实地调研考查，与工程主要设计人员充分沟通，了解工程特性和消力池跌坎高度，其结果见附表 5-1-8。

附表 5-1-8 国内外大型底流消力池流道跌坎高度一览表

工程	入池单宽流量[m³/(s·m)]	跌坎高度(m)
特里	109.6	3.5
官地	140.8	6.5
萨扬·舒申斯克	183.7	4.25～6.0
向家坝	225.3	9.0

跌坎式流道的跌坎高度随着入池单宽流量的增加而增加,其跌坎高度一般在 3.5~9m,亭子口底孔入池单宽流量为129m³/(s.m),选定跌坎高度范围为 4~5m。

(2)跌坎高度分别为4m、5m 时,流道体型见附图 5-1-13,测得底板上最大脉冲强度见附图 5-1-14。

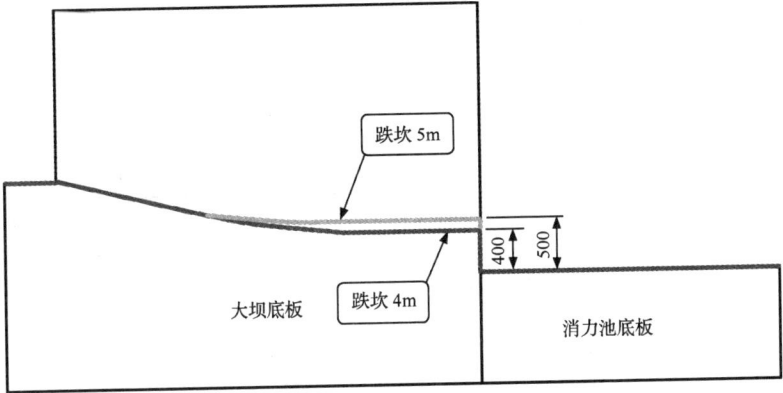

跌坎 5m

跌坎 4m

400 500

大坝底板

消力池底板

附图 5-1-13　不同跌坎高度流道体型图

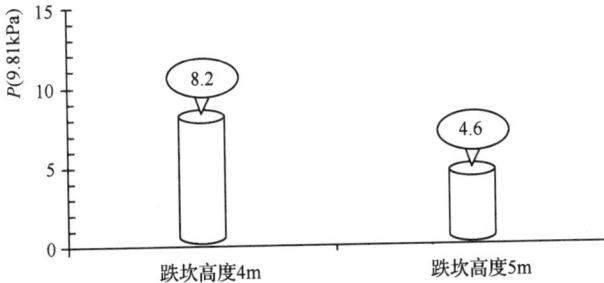

$P(9.81\text{kPa})$

8.2

4.6

跌坎高度4m　　跌坎高度5m

附图 5-1-14　脉冲强度对比图

采用跌坎流道后,消力池底板上的脉冲强度显著降低,其中跌坎高度为 5m 时其脉冲强度最小,因此跌坎高度选用 5m,脉冲强度降至 4.6×9.81kPa,降幅达 62%,达到预期目标。

2. 对策二：整体降低消力池底板

（1）整体降低消力池底版，在结构最大许可条件下，将消力池底板顶高程由 357m 降至 354m，底板高程分别为 357m、356m、355m、354m，其断面见附图 5-1-15。

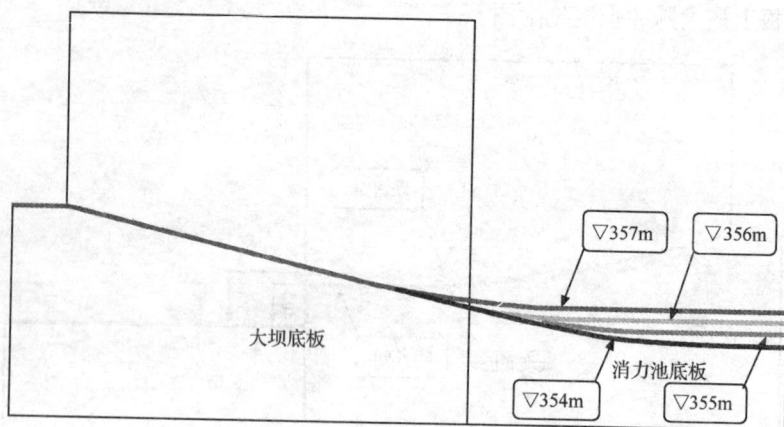

附图 5-1-15　消力池底板不同顶高程断面图

（2）水力学试验测得 4 种不同底板高程消力池底板上最大脉冲强度见附图 5-1-16。

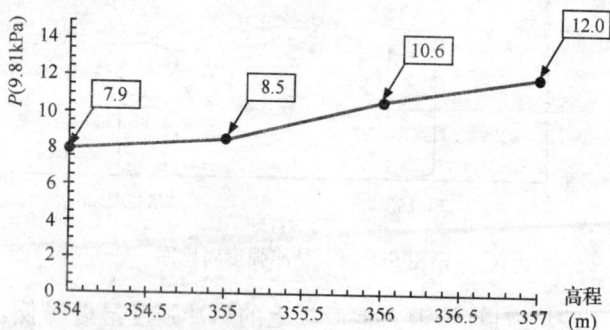

附图 5-1-16　消力池底板不同顶高度脉冲压强对比图

消力池底板上的最大脉冲强度随底板高程的降低而降低。

在结构最大许可条件下,消力池底板顶高程最大降至354m,其脉冲强度最小,降幅达31.7%。消力池底板顶高程采用354m,能够达到预期目标。

十、效果检查

亭子口底孔消力池在以上两项对策实施后,其断面见附图5-1-17。

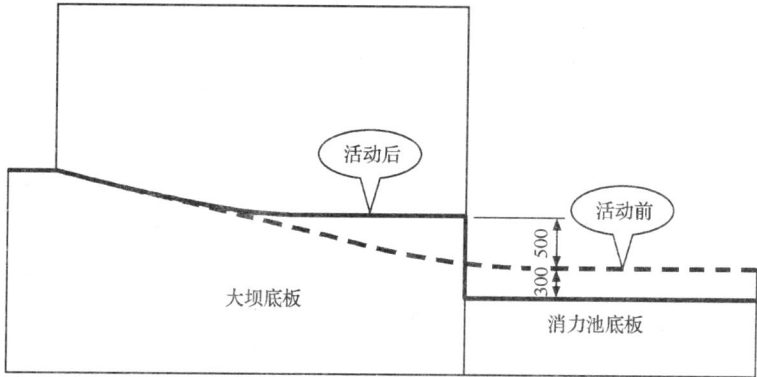

附图 5-1-17 断面图

根据试验数据,消力池底板受到的脉冲强度大幅降低,消力池底板受到的最大脉冲强度由活动前的12×9.81kPa降低至1.8×9.81kPa,活动前后对比见附图5-1-18,实现了预期目标。

通过QC活动,实现了预期目标,这充分说明了QC小组采取的措施是有效的。

十一、巩固措施

(1)根据小组活动成果,对降低底孔消力池底板水流脉冲强度的对策措施进行总结,结合缅甸其培水电站、密松水电站进一步巩固QC活动成果。

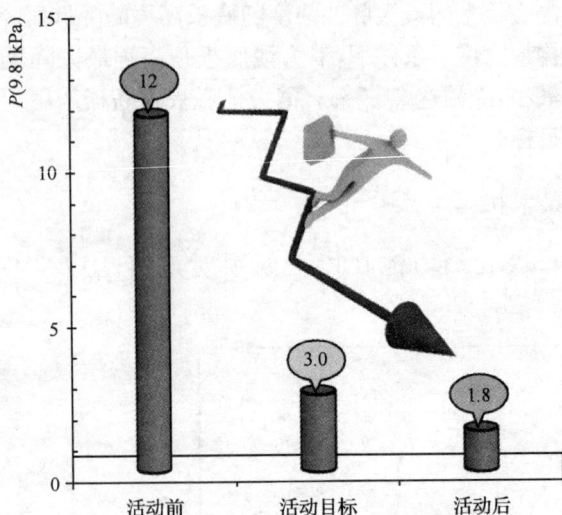

附图 5-1-18　活动前、后最大脉冲强度对比图

（2）本次活动积累了工程设计经验，为其他工程底流消能设计提供了有益的借鉴。

（3）本次活动成果已整理归档，便于后期查阅参考。

十二、总结及今后打算

（1）总结。通过这次 QC 小组活动，将合理的结构体型用于水工建筑上，成功解决了亭子口底孔消力池的空蚀破坏关键技术难题。

（2）今后打算。本次 QC 小组活动使小组成员的综合素质得到显著提高，今后打算尽可能利用 QC 工具来解决工作中的遇到的实际问题，提高工作效率。

（3）体会。本次 QC 小组活动增强了小组成员的质量意识、QC 知识以及团队精神，提高了小组成员的专业水平和创新能力，活动前后各项能力均得到提高。活动前后综合素质对比见附图 5-1-19。

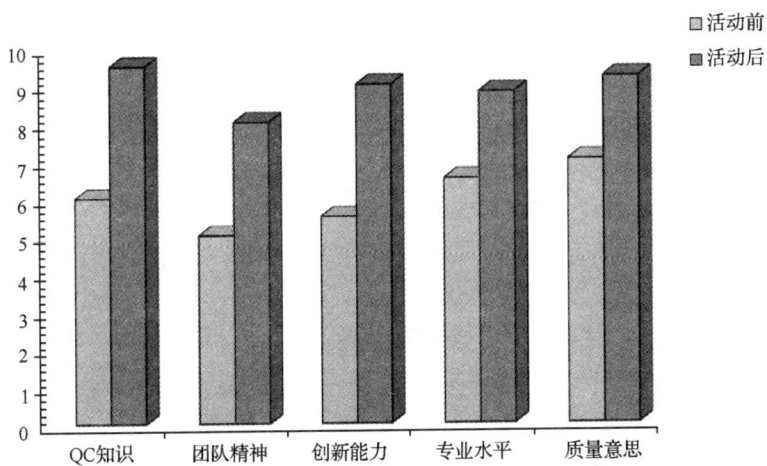

附图 5-1-19　小组成员活动前后综合素质对比图

对"降低消力池底板的水流脉冲强度"成果的评价

一、总体评价

该课题中,混凝土消力池中的混凝土底板的抗脉冲能力是工程安全的关键。工程安全要求需要攻关,R_{28}400混凝土底板抗脉冲能力 $P_{混凝土抗}=3.0\times9.81\text{kPa}$ 是工程安全必须达到的目标。针对该课题,小组进行了认真的调查分析,收集了大量的数据,找到了影响脉冲能力的主要原因,制定了正确的对策并加以实施,最终达到了攻关的目标,解决了关键问题,积累了工程设计经验,取得了良好的效果。

该成果解决问题的思路清晰,过程一环紧扣一环,逻辑性好,说明小组活动的过程,较好地遵循了 PDCA 的小组活动程序。成果从选题开始,一直到效果检查的各个环节,基本上都能用数据说话,充分显示出成果的科学性及可信度。并且对每一条对策实施后的结果,都能与对策表中的目标进行对比,以体现出对策的有效性。工具应用正确、朴实,因此该成果是一个体现了小、实、活、新的好成果。

二、不足之处

(1)此课题目标值是指令的,因此,在叙述完选题理由后,就设定小组的课题活动目标,不要再进行现状调查了。

(2)课题目标值的可行性分析空洞,没有具体内容。

(3)有些因素分析未到末端。例"流道体型选用不当"节。

(4)对策实施中只表述了计算数据,缺少实际测量数据,内容不够充分。

(5)对策表中应规定对策目标,课题目标不能代替对策目标。

(6)小组没有将成功的对策纳入到相应的技术标准或管理标准中去。

案例二 开发土工试验高压渗透仪

一、小组概况

土工试验高压渗透仪研发 QC 小组(见附表 5-2-1),成立于 2011 年,隶属××勘测规划设计有限公司科研院。主要从事土工试验设备研发工作。

附表 5-2-1　小组情况简表

小组名称	土工试验设备研发 QC 小组		所属部门		××设计公司科研院
成立时间 (年.月.日)	2011.09.28		活动时间 (年.月.日)		2011.10—2012.01
组长	×××		活动次数		12 次
小组类型	创新型	小组人数	5	参加率	100%
课题名称	开发高压渗透仪				
姓名	性别	年龄	职称		组内职务
×××	男	32	工程师		组长
×××	男	44	高工		组员
×××	男	36	高工		组员
×××	男	40	高工		组员
×××	男	31	工程师		组员

二、选题理由

1. 问题的提出

随着工程技术的发展,新材料的运用越来越多。像天然土体一样,某些特殊材料同样需要测试渗透系数,比如水泥土、塑性混凝土等。同时部分特殊岩土体也需要测试渗透系数,比如岩体夹泥等。

2. 现有渗透设备的功能调查分析

2011 年 10 月,小组成员对目前现有渗透设备进行了功能调查,见表 5-2-2。

附表 5-2-2   2011 年 10 月渗透设备调查表

设备类型	功能	缺陷	能够改造为高压渗透仪
细粒土渗透仪	细粒土 变水头试验	(1)加压水头低 (2)无法安装特殊材料样品	否
粗粒土渗透仪	粗粒土 常水头试验	(1)加压水头低 (2)无法安装特殊材料样品	否

从附表 5-2-2 可以看出,传统土工渗透仪(见附图 5-2-1、附图 5-2-2)无法完成这些特殊测试对象的渗透试验。

附图 5-2-1 传统细粒土渗透仪	附图 5-2-2 传统粗颗粒土渗透仪

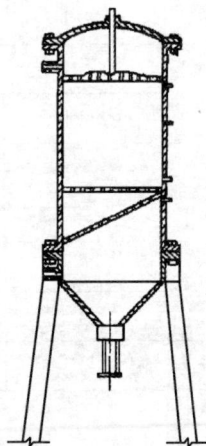

3. 确定课题

为解决市场需求和仪器设备之间的矛盾,解决特殊材料的渗透实验问题,小组确定此次活动的课题为开发土工试验高压渗透仪。

三、设定目标

水泥土、塑性混凝土、岩体夹泥等特殊材料的渗透极低,需要较高的水头才能实现。经过计算分析,我们确定了目标值:开发出一套高压渗透仪,能实现最高加压水头 80m,能够测出小于 1×10^{-7} cm/s 的渗透系数(见附图 5-2-3)。

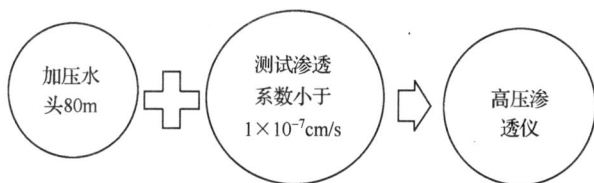

附图 5-2-3 设定的目标

四、提出方案并确定最佳方案

经小组 2011 年 10 月的调查分析、10 月 12 日的讨论,目前没有生产、销售高压设备的厂家,也没有可以直接借鉴的产品。于是通过第 2、第 3 次小组活动,小组成员运用"头脑风暴法"针对高压渗透仪提出了方案设想,用亲和图归纳整理如下(见附图 5-2-4)。

根据以上亲和图的方案设想,小组进行了分方案分析。

(1)仪器结构分方案选择见附图 5-2-5、附表 5-2-3。

高压渗透仪

仪器结构
- 应有利于形成层流
- 最好能观察试验中的现象
- 三段式
- 两段式

尺寸规格
- 能保证水泥土、特殊岩土体试验
- 能安放标准混凝土试块
- 圆筒形

设备材质
- 不锈钢
- 普通钢材
- 有机玻璃
- 塑料、铸铁

耐用
便宜
美观
防锈

加压方式
- 水塔
- 气囊
- 气压直接加压

边壁填充材料
- 黏土、膨胀土
- 水泥砂浆
- 加石膏的砂浆
- 加膨胀剂的砂浆

- 专利申请
- 市场推广

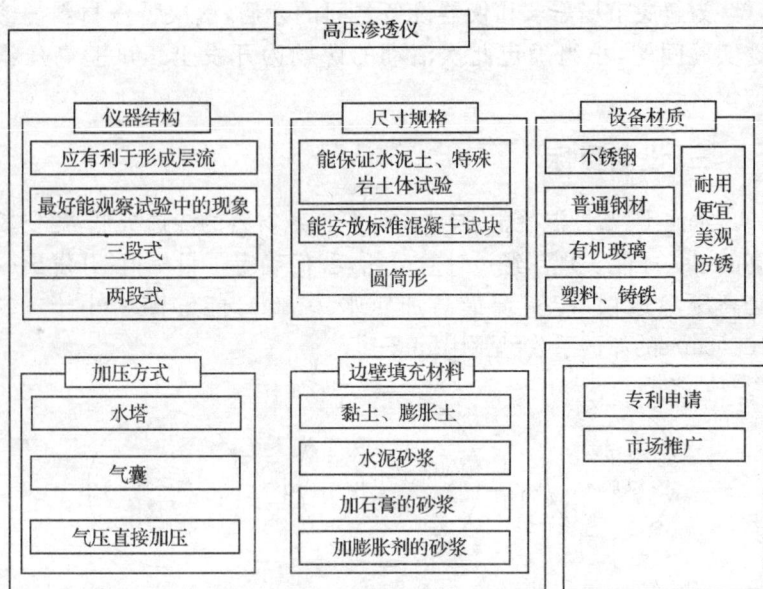

附图 5-2-4　拟开发高压渗透仪方案设想亲和图

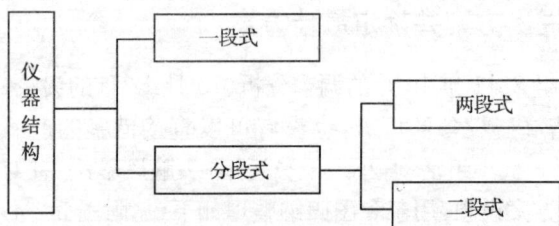

仪器结构
- 一段式
- 分段式
  - 两段式
  - 二段式

附图 5-2-5　仪器结构方案

附表 5-2-3 仪器结构分方案选择

方案一	试验分析	特点	分析结论
一段式	1. 模拟装样 2. 观察试验中的情况 3. 卸样 4. 观察试验后情况	优点:设备制作简单,成本低 缺点:装样和卸样不方便,试验效率低	不采用

试验时间:2011 年 11 月 8 日～10 日　　地点:土工试验室　　责任人:×××

方案二	试验分析	特点	分析结论
二段式	1. 模拟装样 2. 观察试验中的情况 3. 卸样 4. 观察试验后情况	优点:成本适中,上游段可形成层流 缺点:设备制作较复杂,不能观察下游试验情况,下游不易形成层流	不采用

试验时间:2011 年 11 月 13 日～15 日　　地点:土工试验室　　责任人:×××

方案三	试验分析	特点	分析结论
三段式	1. 模拟装样 2. 观察试验中的情况 3. 卸样 4. 观察试验后情况	优点:装卸卸样方便,能观察试验中的情况,上下游均易形成层流 缺点:制作复杂	采用

试验时间:2011 年 11 月 11 日～12 日　　地点:土工试验室　　责任人:×××

制表人:×××　　　　　　　　　　制表日期:2011.11.16

(2)样品段材质分方案研究见附图 5-2-6、附表 5-2-4。

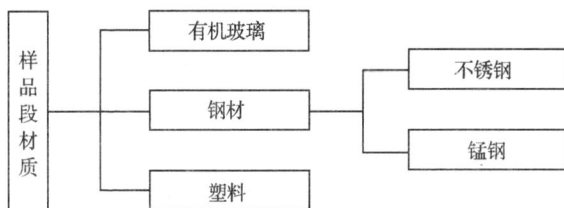

附图 5-2-6 样品段材质方案

附表 5-2-4　样品段材质选择

方案	综合对比	分析结论
有机玻璃	优点：设备轻便，可观测内部填充情况 缺点：强度不高、造价高、易磨损	不采用
不锈钢	优点：强度高，刚性大，不锈蚀 缺点：造价高、重量大	不采用
锰钢	优点：强度高，刚性大，不易锈蚀，造价适中 缺点：重量大	采用
塑料	优点：重量轻，造价低 缺点：强度低、刚度低、易磨损	不采用

制表人：×××　　　　　　　　　　　　　制表日期：2011.11.12

（3）样品段尺寸规格分方案研究。根据试验对象的不同，采用对尺寸要求最大的情况。计算结果见附表 5-2-5。

附表 5-2-5　样品段尺寸计算表

试验对象	计算分析所需尺寸(cm)	分析结论
水泥土	直径 10cm，长度 15cm	不采用
塑性混凝土	直径 21cm，长度 32cm	采用
岩体夹泥	直径 17cm，长度 26cm	不采用
特殊岩土体	直径 20cm，长度 30cm	不采用

计算时间：2011 年 11 月 12 日　　　地点：办公室　　　责任人：×××

制表人：×××　　　　　　　　　　　　　制表日期：2011.11.12

（4）加压方式分方案研究见附图 5-2-7、附表 5-2-6。

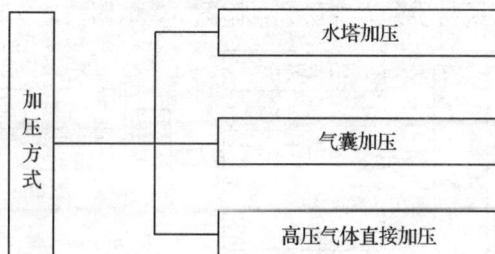

附图 5-2-7　加压方式方案

方案	综合对比	分析结论
水塔加压	优点:操作人员较熟悉该方式 缺点:水塔高度 80m,造价极高,压力测读不方便	不采用
气囊加压	优点:体积小,成本低 缺点:易老化、试验中易刺破	不采用
高压气体直接加压	优点:可利用现有空压机、气罐,成本低,压力控制方便,施加压力可以达到 80m 缺点:需要配套压力控制设置和稳压设施,需要密闭良好的水容器	采用

制表人:×××　　　　　　　　　　　制表日期:2011.11.12

(5)样品与仪器内壁填充材料分方案研究见附图 5-2-8、附表5-2-7。

根据以上一系列分方案的试验分析和对比选择后,小组人员确定了高压渗透仪的最佳方案,见附图 5-2-9。

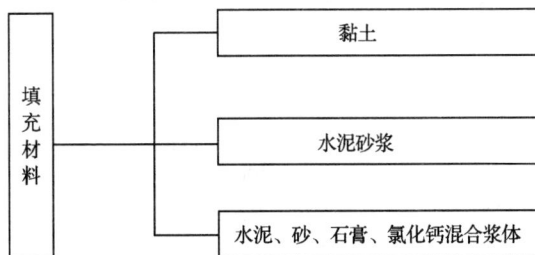

附图 5-2-8　充填材料方案

附表 5-2-7　填充材料选择

方案一	试验分析	特点	分析结论
粘土	1. 充填样品与边壁孔隙 2. 施加压力 3. 观察渗透情况	优点:取材方便,材料便宜 缺点:高压力下易挤出,渗透系数与试验对象接近,充填效果较差	不采用

试验时间:2011 年 11 月 18 日　　　地点:土工试验室　　　责任人:×××

方案二	试验分析	特点	分析结论
水泥砂浆	1. 充填样品与边壁孔隙 2. 施加压力 3. 观察渗透情况	优点:强度高,取材方便,材料便宜 缺点:试验后不易清理,渗透系数与试验对象接近,充填效果一般	不采用

试验时间:2011 年 11 月 17 日　　　地点:土工试验室　　　责任人:×××

方案三	试验分析	特点	分析结论
水泥、砂、石膏、氯化钙混合浆体	1. 不同配比的试验分别装样 2. 施加压力 3. 观察渗透情况	优点:渗透系数低、早期强度高,具有膨胀性,充填密实 缺点:成本高	采用

试验时间:2011 年 11 月 19 日　　　地点:土工试验室　　　责任人:×××

制表人:×××　　　　　　　　　　　制表日期:2011.11.20

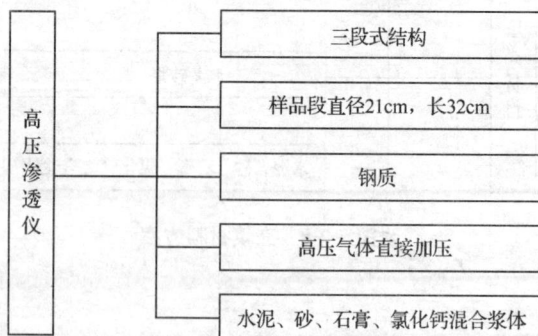

附图 5-2-9　最佳方案

206

五、对策制定

根据确定的最佳方案,制定的对策见附表 5-2-8。

附表 5-2-8 "高压渗透仪"最佳方案对策

序号	对策	目标	措施	责任人	完成时间(年.月.日)	地点
1	确定仪器结构	结构标识清楚,明确各构件之间的连接方式。能呈现设备整体情况	编制高压渗透仪技术要求,包括文字说明及图纸	×××	2011.11.25	办公室
2	选用钢材为原料	能够满足设备对强度的需要	购买高强度锰钢钢管及钢板	×××	2011.11.28	钢材市场
3	制作样品段及配件	样品段尺寸能满足多种材料的需要,能承受 80m 水头	加工上下游容器、样品段(直径 21cm,长度 32cm)、透水板、下游容器镶嵌有机玻璃板、进出水口、压力表接口。购买快速接头、压力表、高压气管	×××	2011.12.3	加工车间
4	制作加压设备	提供 80m 水头压力	加工高压水容器,利用高压气管与储气罐相连,通过压力控制阀进行压力调整和稳压	×××	2011.12.3	土工试验室
5	制作混合浆体	渗透系数达到 10^{-11}cm/s	水泥：砂：石膏：氯化钙为 2：2：1：1。	×××	2011.12.05	土工试验室

制表人:×××　　　　　　　　制表日期:2011.12.05

六、对策实施

1. 实施一

实施情况见附表 5-2-9、附图 5-2-10。

附表 5-2-9　实施一

实施项目	实施情况	实施人员	时间 (年.月.日)	地点
确定渗透 仪结构	根据上述确定的最佳方案,对仪器设备各部件的尺寸进行了标注,编制了技术要求	×××	2011.11.25	办公室

制表人:×××　　　　　　　　制表日期:2011.11.25

高压渗透仪技术要求

审　　核: 房后国

审　　查: 金义德

编　　写: 邓伟杰

黄河勘测规划设计有限公司科研院

附图 5-2-10　高压渗透仪技术要求

实施效果:标注了各部件的尺寸、连接方式,能够精确反应仪器内部结构,明确各个功能部件如何连接。

2. 实施二

实施情况见附表 5-2-10、附图 5-2-11～附图 5-2-12。

附表 5-2-10　实施二

实施项目	实施情况	实施人员	时间 (年.月.日)	地点
选用钢材为原料	购买高强度锰钢钢管及钢板	×××	2011.11.28	钢材市场

制表人:×××　　　　　　　　　　　　　　制表日期:2011.11.28

附图 5-2-11　钢管

附图 5-2-12　钢板

实施效果:购买的锰钢能够满足仪器对刚度和强度的要求,且价格适中,实施效果良好。

3. 实施三

实施情况见附表 5-2-11、附图 5-2-13～附图 5-2-24。

实施效果:均按照技术要求进行加工,制作规范,各部件连接方便,密闭良好,能够承受 80m 水头。

4. 实施四

实施情况见附表 5-2-12、附图 5-2-25～附图 5-2-30。

实施项目	实施情况	实施人员	时间（年.月.日）	地点
加工设备	1. 加工上下游容器、样品段、透水板、下游容器镶嵌有机玻璃板、进出水口、压力表接口 2. 购买快速接头、压力表、高压气管 3. 各部件之间进行试安装 4. 上下游容器利用密封圈进行止水 5. 透水板采用孔径 5mm，通过卡槽固定	××××	2011.11.25～12.5	加工车间

制表人：×××　　　　　　　　　　　　　　　制表日期：2011.12.05

附图 5-2-13　压力控制表

附图 5-2-14　上游进水口

附图 5-2-15　压力表

附图 5-2-16　快速接头

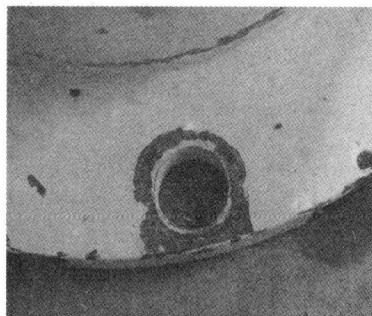

附图 5-2-17 法兰

附图 5-2-18 下游容器

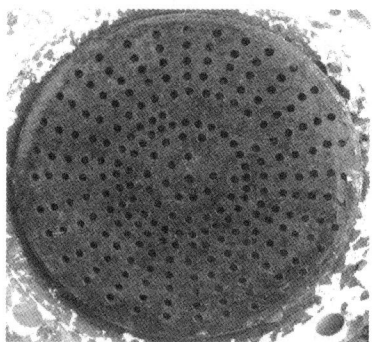

附图 5-2-19 透水板

附图 5-2-20 样品段

附图 5-2-21 上游容器及密封圈

附图 5-2-22 下游排水

附图 5-2-23 上游水头测试装置

附图 5-2-24 设备主体

附表 5-2-12 实施四

实施项目	实施情况	实施人员	时间 (年.月.日)	地点
制作加压设备	1. 选用密封性能良好,耐高压的容器仓 2. 两个容器仓进行串联 3. 安装压力控制阀 4. 连接高压气罐	×××	2011.12.01～03	土工试验室

制表人:×××   制表日期:2011.12.03

附图 5-2-25 高压容器仓

附图 5-2-26 压力控制装置

附图 5-2-27　高压气管

附图 5-2-28　容器仓串联

附图 5-2-29　高压储气罐

附图 5-2-30　设备总体图

5. 实施五

实施情况见附表 5-2-13、附图 5-2-31～附图 5-2-34。

附表 5-2-13　实施五

实施项目	实施情况	实施人员	时间 （年.月.日）	地点
制作混合浆体	水泥：砂：石膏：氯化钙＝2：2：1：1.	×××	2011.12.05	土工试验室

制表人：×××　　　　　　制表日期：2011.12.05

213

附图 5-2-31　石膏

附图 5-2-32　氯化钙

附图 5-2-33　混合浆体

附图 5-2-34　边壁充填

实施效果：水泥、砂、石膏、氯化钙比例为 2：2：1：1 的混合浆液达到了预期目的，具有较低的渗透系数和较高强度。由于具有膨胀性，能较好地充填样品盒边壁的空间。

七、效果检查

高压渗透仪研制完成后，小组于 2011 年 12 月 5 日进行了试验试用，通过试验进行效果检查见附图 5-2-35～附图 5-2-41。

附图 5-2-35　试样安装

附图 5-2-36　上游反滤

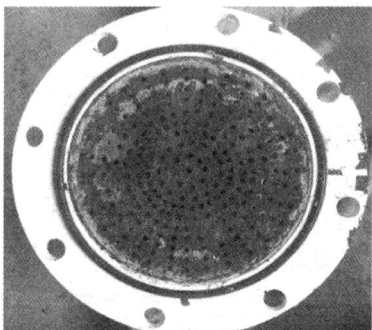

附图 5-2-37　透水板安放

附图 5-2-38　试验中

附图 5-2-39　试验中

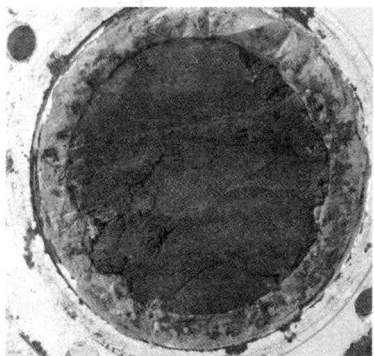

附图 5-2-40　拆样（下游面）

附图 5-2-41 仪器试用试验中

1. 效果检查一

通过多次的设备试用和真实试验的开展,该高压渗透仪能实现加压 80m 水头,实际最大可施加 100m 水头。能够测出小于 1×10^{-7} cm/s 的渗透系数(见附图 5-2-42)。目前该设备已经使用在水泥土、古贤夹泥、鱼卡河砂岩等特殊材料的渗透试验中,取得了良好的效果,为工程的顺利开展提供了有力的技术支撑。

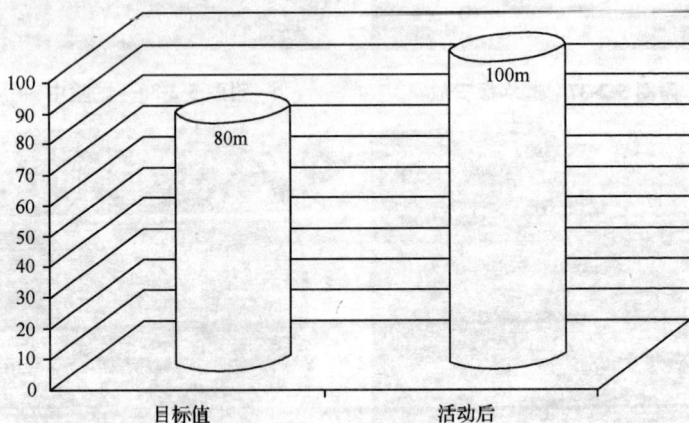

附图 5-2-42 最大施加水头效果检查图

2. 效果检查二

通过本次 QC 小组活动,组员的质量意识、团队精神、QC 知识、个人素质和创造性思维得到一定提高(见附图 5-2-43)。

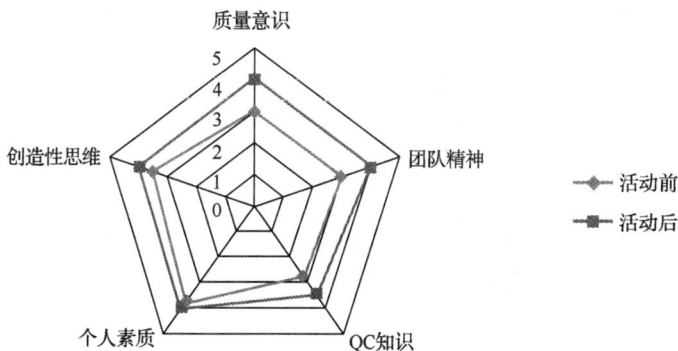

附图 5-2-43　小组素质提高情况

八、标准化

(1)编制了《高压渗透仪技术要求及附图》。

(2)编制了《高压渗透仪试验大纲》(见附图 5-2-44)。

九、总结及下步打算

通过 QC 活动,全面提高了小组成员的素质,激发了小组的创造性思维,培养了团队意识。带动了我院其他部门和同事对 QC 小组的热情。小组目前正在积极准备专利申请。下步活动课题是"研制粗颗粒土大型直剪仪"。

高压渗透仪试验大纲

审　核：房后国

审　查：金义德

编　写：邓伟杰

黄河勘测规划设计有限公司科研院

附图 5-2-44　高压渗透仪试验大纲

对"开发高压渗透仪评"成果的评价

一、综合评价

该成果为创新型课题,小组成员通过高压渗透仪的成功研制,完成了活动课题,达到并超过了目标值,并成功应用在多种特殊材料的渗透试验中。该成果作为研制类课题,活动符合创新型课题QC小组程序,能够较好地选用统计方法,用亲和图确定方案,分方案选择能够通过试验数据进行,说服力强。开拓了新的检测领域,拓宽了业务范围,带动了职工的热情,效果显著。

二、不足之处

(1)课题选择理由的针对性不够充分,没有突出"高压"的测量试验范围。

(2)所示无依据。

(3)方案选择分析论证无依据,例"仪器结构分方案选择,充填料选择"等。

(4)创新成果只有创新产品的性能和价值,不必要进行效果对比。

(5)确认最佳方案与对策没有一一对应。

(6)有的对策所示未查化,也不能检查,例对策一、二所示。

案例三　提高 1 号洞管棚施工效率

温州市西向排洪工程梅屿隧洞工程位于鹿城区双屿镇上呑村南侧山坡,山坡与平地之间为民房,地层岩性主要为凝灰岩。排洪洞出口覆盖层较厚,岩体风化、破碎,微风化、新鲜岩体埋深较大。1号隧洞全长 991m,2 号隧洞全长 964m,断面型式为平底马蹄形,净宽 15.0m,净高 11.5m,底高程为－1.5m。为确保安全,隧洞出口采用超前长管棚及钢支撑等进行隧洞开挖支护。

一、小组概况

小组概况见附表 5-3-1。

附表 5-3-1　小组概况

小组名称	梅屿隧洞出口段 QC 小组			小组类型		现 场 型
登记注册号	TQC-11-07			活动时间 (年.月.日)		2011.11.15～12.20
组长姓名	×××	性别 男	年龄 39	文化程度	本科	职务	项目经理
成员情况 成员姓名	性别	年龄	职务或职称	文化程度	组内分工	备 注
×××	男	35	常务副经理/高工	本科	副组长	本 QC 小组前身为梅屿隧洞混凝土衬砌 QC 小组,成立于 2010 年 7 月 26 日。2011 年获全国施工企业优秀 QC 小组称号。2011 年重新注册,更名为梅屿隧洞出口段 QC 小组。小组现有成员 9 人,均参加 TQC 培训,平均授课时间为 40 小时以上。小组围绕课题共活动 8 次,记录齐全
×××	女	38	技术指导/高工	本科	组员	
×××	女	32	项目部技术负责	本科	组员	
×××	女	29	出口段技术负责	本科	组员	
×××	男	45	安全员、机械负责	中专	组员	
×××	男	47	施工员	高中	组员	
×××	男	35	施工员	高中	组员	
×××	男	46	质检员	中专	组员	

二、选题理由

选题理由见附图 5-3-1。

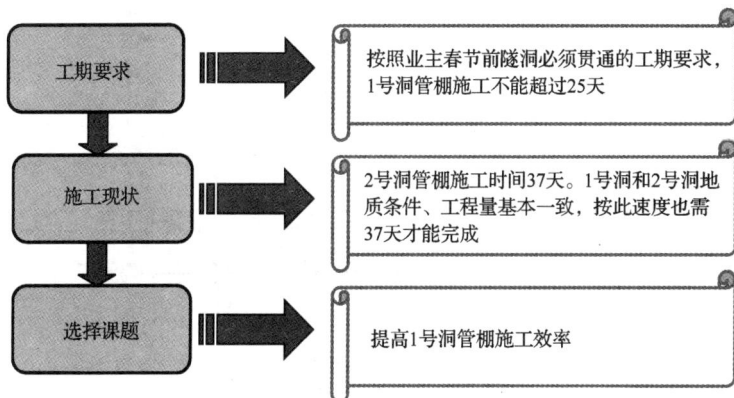

附图 5-3-1　选题理由

三、现状调查

(1)单孔管棚施工工艺流程见附图 5-3-2、附表 5-3-2。

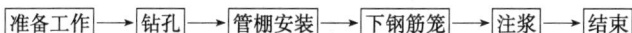

准备工作 → 钻孔 → 管棚安装 → 下钢筋笼 → 注浆 → 结束

附图 5-3-2　单孔管棚施工工艺流程

附表 5-3-2　单孔管棚施工作业工序

施工工序	准备工作	钻孔	管棚安装	下钢筋笼	注浆
施工时间(h)	0.5	3.5	1.5	0.5	3.5
单孔作业总工时	单孔作业总工时为 9.5h				

(2)2 号管棚施工进度计划网络图见附图 5-3-3。

考虑夜间(20:00～6:00)不能钻孔,计划工期为 $4\times63+1.5+0.5+3.5(h)\approx19$ 天。

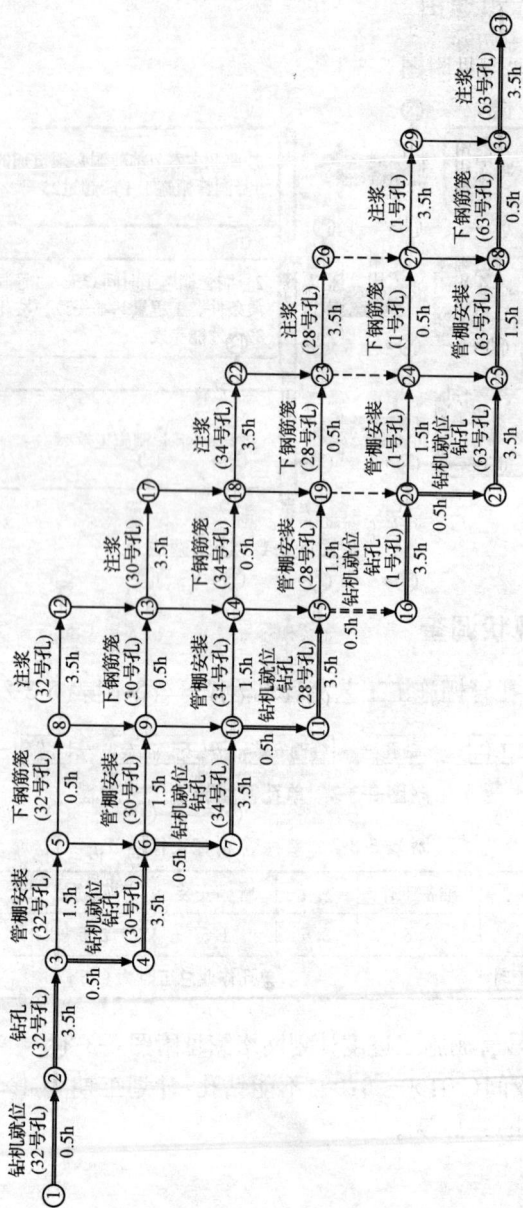

附图 5-3-3 管棚施工进度计划网络图

(3)2 号洞管棚长 25m,孔径 127mm,布置外部 160°范围内,共 63 孔,实际施工时间 37 天。小组对 2 号洞管棚实际施工情况进行现状调查,具体情况见附表 5-3-3。

附表 5-3-3　　2 号隧洞管棚施工工序、施工时间统计

施工工序	准备工作	钻孔	管棚安装	下钢筋笼	注浆
施工平均时间(h)	0.3	7.8	1.4	0.3	3.0
是否按计划完成	是	严重超出计划时间	是	是	是

通过附表 5-3-3 可以看出,钻孔时间超标,由计划每孔 3.5h 延长到实际每孔 7.8h,使原计划落空,是施工工期延长的主要症结所在。小组对 2 号洞 63 个孔的完工时间进行了分层分析,见附表 5-3-4。

附表 5-3-4　钻孔时间统计

钻孔时间(h)	孔数	平均时间(h)	情况说明
2～4	25	3.1	钻孔情况正常
6～8	1	7.2	14 号孔掉钻处理延长钻孔时间
8～10	31	9.0	17 号～49 号孔时间等待注浆完成后开始钻孔,停顿时间长
10～12	2	10.5	26 号、42 号孔注浆停顿时间长
12 以上	4	26.0	51 号孔卡钻,钻孔时间 15h; 52 号孔卡钻,钻孔时间 24h; 57 号孔由于钻孔机械损坏修理,钻孔时间为 48.5h; 58 号孔卡钻,钻孔时间 16.5h

由附表 5-3-4 分析,2 号洞管棚共钻孔 63 个,钻孔最短时间 2.1h,最长时间 48.5h,平均时间 7.8h。特别是 51 号、52 号、57 号、和 58 号四个孔,由于钻孔时出现卡钻及钻机损坏现象,钻孔时间均在 15h 以上。17～49 号孔,由于钻孔后注浆出现窜孔现象,后改为钻孔与注浆不同时进行,增加了钻孔停顿时间,对工期影响较大。

小组认为钻孔时间在去除非正常钻孔时间及超长钻孔等待停顿时间后，钻孔的平均时间为$(25 \times 3.1 + 7.2 + 31 \times 3.0 + 9)/59 = 3.2h$。

根据附表 5-3-4，小组对钻孔不正常情况按成因进行分层分析，结果见附表 5-3-5。

附表 5-3-5　钻孔不正常成因分析

序号	项目	频数	累计频数	频率(%)	累计频率(%)
1	注浆停顿	33	33	86	86
2	卡钻停顿	3	36	8	94
3	维修停顿	1	37	3	97
4	岩石破碎	1	38	3	100
合计		38		100	

根据附表 5-3-5，绘制了钻孔不正常成因饼分图，见附图 5-3-4。

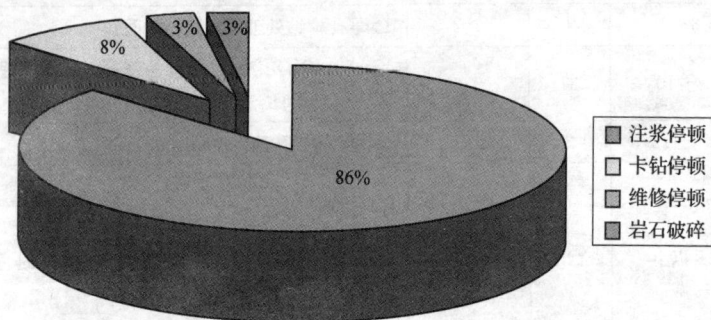

附图 5-3-4　钻孔不正常成因饼分图

从附图 5-3-4 中可以看出，注浆时钻孔停顿时间长是钻孔不正常的主要症结。

四、设定目标

小组通过讨论分析，认为通过合理安排施工作业时间，可以把单孔作业的时间控制在附表 5-3-6 的范围内。

附表 5-3-6　时间控制

施工工序	准备工作	钻孔	管棚安装	下钢筋笼	注浆
施工时间(h)	0.3	3.2	1.4	0.3	3.0
工期(流水作业)	(3.5×63+1.4+0.3+3.0)÷14＝17 天				

考虑夜间不能钻孔,1 号洞按 63 个孔计算,整体管棚施工工期为 17 天。

小组又考虑到出洞口地质较为复杂,存在不确定性,必须有 5 天的机动工时,估计工期为 17＋5＝22 天;同时项目部要求工期为 25 天,如果进行系统工程思维,做好"应急预案"管理,减少可变动部分的计划工期,提前完成管棚施工,是完全有可能的。

所以最后小组确定的活动目标为:1 号管棚施工时间为 20 天(见附图 5-3-5)。

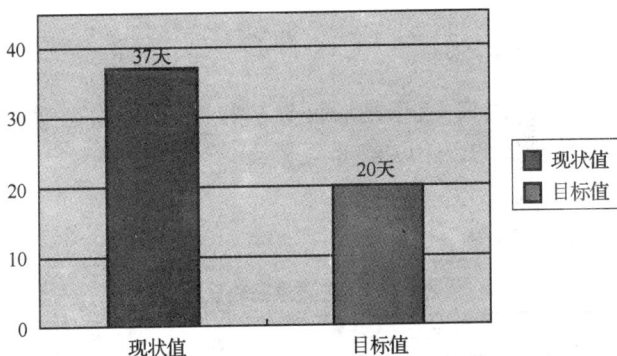

附图 5-3-5　目标现状对比示意图

五、原因分析

小组成员针对 2 号洞管棚钻孔施工时间长进行了原因分析,从人员、机器、材料、方法、环境、测量 6 个方面,找到了影响和制约管棚施工进度的 9 个末端因素(见附图 5-3-6)。

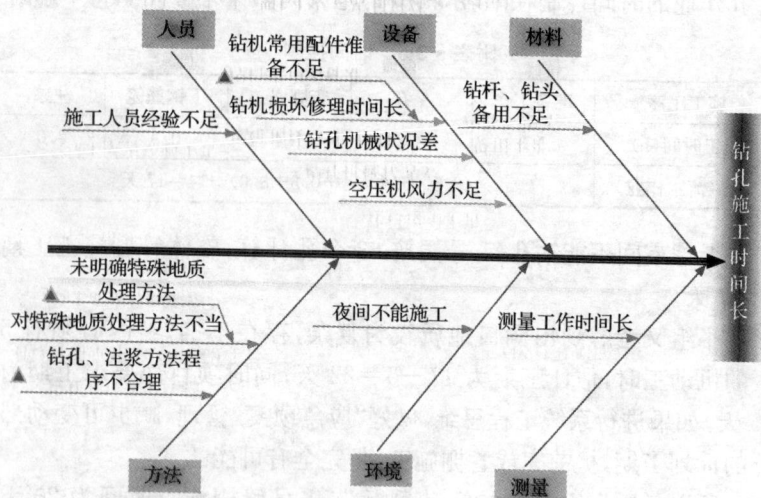

附图 5-3-6　原因分析制图

六、主要原因确认

将 9 个末端因素,逐条地验证分析和讨论,排除客观不可变更等因素,确认主要的影响因素。

1. 确认计划

详见附表 5-3-7。

附表 5-3-7　主要原因确认计划

序号	末端原因	确认方法	标　准	负责人	确认时间
1	施工人员经验不足	会议讨论	具有管棚施工经验熟练操作人员	×××	11 月 18 日前
2	钻机常用配件准备不足	现场调查	配备钻机常用配件 2 套	×××	11 月 18 日前
3	空压机风力不足	现场调查	YGL-100Q 钻机说明书空压机说明书	×××	11 月 18 日前

序号	末端原因	确认方法	标 准	负责人	确认时间
4	未明确特殊地质岩段处理方法	现场调查	特殊地质岩段处理措施、预案	×××	11月18日前
5	钻孔停顿时间长	现场调查	管棚钻孔、注浆程序	×××	11月18日前
6	钻杆、钻头备用不足	现场调查	钻杆备用50根、钻头备用30个	×××	11月18日前
7	现场离居民区近，夜间钻孔不能施工	现场调查	环保局夜间施工规定	×××	11月18日前
8	测量工作时间长	会议讨论	工程测量施工规范、灌浆施工规范	×××	11月18日前

2. 确认过程

确认1：施工人员经验不足。项目部已从另外工地调入有管棚施工经验人员，并对所有操作人员都进行了培训及技术交底，所有操作人员已经能满足施工的需要，通过2号洞管棚施工，施工人员已具有管棚施工经验。

结论：非主要原因。

确认2：钻机常用配件准备不足。项目部于11月16日现场检查，现场无备用钻孔设备，钻机常用易损件、配件准备不足，现场只备有密封圈、V形圈、O形圈各1套，其他易损配件如冲击器、上下侧滑板、滤芯等都未配备，如发生钻机损坏，会造成修理时间加长，从而影响施工效率。2号洞管棚在施工中就发生过此类情况，造成2天的工期延误。因此钻孔设备常用配件准备不足是影响管棚施工效率的重要因素。

结论：主要原因。

确认3：空压机风力不足。现场空压机为 $2 \times 10m^3$ 空压机，电动，全新，排气量 $20m^3/min$ ，能满足钻机使用（见附表5-3-8）。

附表 5-3-8　现场空压机情况

管棚钻机需要空气压力(N)	70
现场空压机供给空气压力(N)	100
空压机供给风力能够满足钻机使用要求	

结论:非主要原因。

确认 4:未明确特殊地质岩段处理方法。项目部对已施工的 2 号洞进行调查,2 号洞施工过程中对特殊地质岩段处理不当,未明确特殊地质岩段处理方法,造成部分孔出现卡钻、掉钻现象,使钻孔时间非常长。2 号洞管棚施工中有 3 个孔,即 51 号、52 号、58 号孔由于对特殊地质岩段处理不当,造成钻孔时间超常,均在 15h 以上,因此特殊地质岩段处理方法是影响管棚钻孔时间的关键。

结论:主要原因。

确认 5:钻孔停顿时间长。钻孔注浆程序不合理,由于 1 号、2 号洞出口地质较差,岩石风化破碎,采用常规的流水作业实施有困难,大部分孔眼钻孔与注浆不能同时进行,从而造成注浆时钻孔停顿时间长。该因素是造成钻孔时间的主要原因。

结论:主要原因。

确认 6:钻杆、钻头备用不足。项目部于 11 月 16 日经过现场调查,仓库已备有钻头 30 个、钻杆 50 根,能满足管棚施工的需要。

结论:非主要原因。

确认 7:现场离居民区近,夜间钻孔不能施工。施工现场周围有居民区,根据当地环保局要求,夜间(晚 20:00~6:00)要控制施工噪声,即不能进行钻孔施工,这对钻孔时间有影响,但不能改变,故属非主要原因。

结论:非主要原因。

确认 8:测量工作时间长。测量工作主要有测量孔深、孔斜率、灌浆压力、注浆量等,可边施工边测量,对钻孔时间影响不大。

结论:非主要原因。

3. 确认结果

通过以上确认可以明确,影响钻孔时间长的主要因素有 3 个末端因素:钻机常用配件准备不足;未明确特殊地质岩段处理方法;钻孔停顿时间长。

七、制定对策

针对各个主要原因,小组成员进行广泛讨论,分别制定对策,提出多种建议、意见和办法,进行分析比较,确定出最合适的对策和相应措施,并明确负责人,要求具体完成时间,详见附表 5-3-9。

附表 5-3-9　要因及对策表

序号	要因	对策	目标	措施	地点	负责人	完成日期
1	钻孔停顿时间长	调整钻孔、注浆施工程序	钻机非正常停顿不大于 15min	调整钻孔、注浆程序,采用连续钻孔和并联注浆方法	现场	×××	11月20日
2	未明确特殊地质岩段处理方法	制定特殊地质岩段钻孔处理措施	处理及时,处理时间不大于 30min	采用 PDPC 法,制定特殊情况发生时处理预案,由专人负责实施。	项目部	×××	11月20日
3	钻孔设备常用配件不足	购入钻孔设备常用配件	配备钻机常用配件 2 套	确定一个设备常用配件清单,并购入备用	项目部	×××	11月22日

八、对策实施

1. 实施一

针对主要原因:钻孔停顿时间长。

对　　策:调整钻孔、注浆施工程序。

目　　标:钻机非正常停顿时间不大于 15min。

负 责 人:×××。

完成日期:11 月 20 日。

采取措施:小组对原施工流程图进行分析,由于出口段地质较差,岩石破碎,裂缝发育,在注浆未结束直接钻孔,容易造成窜孔,从而影响注浆施工。如果不同时进行,由钻孔停顿时间过长,影响总体进度。小组通过分析,结合工程实际(夜间不能钻孔),决定采用连续钻孔,并联注浆施工方法。早上 6:00 开始钻孔,根据钻孔进度情况,及时进行安装管棚管,每天晚上在完成 3~4 个孔后一起采用并联注浆法及时进行注浆,从而减少钻孔停顿时间。施工中严格按计划实施(见附图 5-3-7)。

实施效果:通过制定合理的钻孔注浆程序,在地质较差、岩石破碎的地方,采用连续钻孔,并联注浆的施工方法,每天可以顺利完成3~4 孔。

2. 实施二

针对主要原因:未明确特殊地质岩段处理方法。

对　　策:制定特殊地质岩段钻孔处理措施。

目　　标:处理及时,处理时间不大于 30min。

负 责 人:×××。

完成日期:11 月 20 日。

采取措施:项目部根据工地地质情况,采用 PDPC 法,制定了管棚钻孔技术要求,明确了各类特殊情况发生时的处理方法,由专人负责,并对班组操作人员进行技术交底。在实施过程中小组加强检查,提高对特殊地质钻孔的处理效率(见附图 5-3-8)。

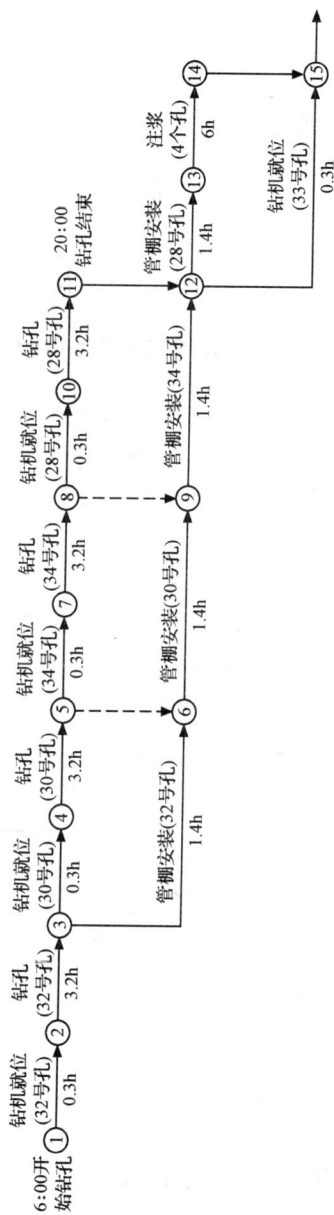

附图 5-3-7 钻孔、管棚安装、注浆程序图

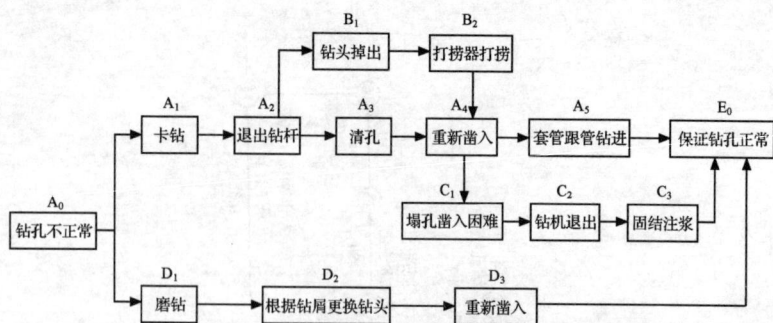

附图 5-3-8　钻孔时遇断层破碎带时 PDPC 法示意图

施工方法 1：$A_0 \rightarrow A_1 \rightarrow A_2 \rightarrow A_3 \rightarrow A_4 \rightarrow A_5 \rightarrow E_0$。

施工方法 2：$A_0 \rightarrow A_1 \rightarrow A_2 \rightarrow B_1 \rightarrow B_2 \rightarrow A_4 \rightarrow A_5 \rightarrow E_0$。

施工方法 3：$A_0 \rightarrow A_1 \rightarrow A_2 \rightarrow A_3 \rightarrow A_4 \rightarrow C_1 \rightarrow C_2 \rightarrow C_3 \rightarrow E_0$。

施工方法 4：$A_0 \rightarrow D_1 \rightarrow D_2 \rightarrow D_3 \rightarrow E_0$。

实施效果：通过明确特殊地质岩段钻孔处理方法，并进行技术交底，班组人员能够正确把握特殊地质岩段钻孔方法，确保钻孔顺利进行，根据实际施工情况统计特殊地质岩段处理方法情况见附表 5-3-10。

附表 5-3-10　施工情况

孔号	施工方法	停顿处理时间(min)
52	$A_0 \rightarrow A_1 \rightarrow A_2 \rightarrow A_3 \rightarrow A_4 \rightarrow A_5 \rightarrow E_0$	—
51	$A_0 \rightarrow A_1 \rightarrow A_2 \rightarrow B_1 \rightarrow B_2 \rightarrow A_4 \rightarrow A_5 \rightarrow E_0$	20
58	$A_0 \rightarrow A_1 \rightarrow A_2 \rightarrow A_3 \rightarrow A_4 \rightarrow C_1 \rightarrow C_2 \rightarrow C_3 \rightarrow E_0$	15
18	$A_0 \rightarrow D_1 \rightarrow D_2 \rightarrow D_3 \rightarrow E_0$	25

3. 实施三

针对主要原因：钻孔设备常用配件不足。

对　　策：购入钻孔设备常用配件。

目　　标：满足钻孔设备维修需要。

负责人:×××。

完成日期:11月22日。

采取措施:针对钻孔设备常配件不足问题,项目部专门进行分析讨论,在原有配件基础上增加了设备常用配件数量,并于11月22日前购入钻孔设备常用配件,即冲击器2个、密封圈1套、V形圈1套、O形圈1套、上下侧滑板各2套、滤芯2个,防止出现无备件而不能修理的现象,满足钻孔设备维修需要(见附表5-3-11)。

附表5-3-11　钻孔设备易损配件对照表

项目名称	冲击器 (个)	O形圈 (套)	密封圈 (套)	V形圈 (套)	上侧滑板 (套)	下侧滑板 (套)	滤芯 (个)
原先仓库配件数	0	1	1	1	0	0	0
现新购入配件数	2	1	1	1	2	2	2
目前配件数	2	2	2	2	2	2	2

实施效果:通过增加钻机设备常用配件数量,现有的配件已经能满足钻孔设备正常维修需要,没出现因配件没有而延长修理时间。

九、效果检查

通过全体小组成员努力,1号洞管棚于2011年11月23日8时开始钻第一个孔,12月11日下午4时,1号洞管棚施工完成,总施工时间18天,管棚施工提前完工,我们的目标实现了(见附图5-3-9)。

通过小组活动,小组出色完成了给定的施工任务,同时,小组在活动中也积累了大断面长管棚施工经验,提高了特殊地段管棚施工和理论水平。

十、巩固措施

项目部对本工程隧洞管棚施工全过程中采用的工艺方法和技术措施进行总结,编制了《大断面隧洞进口长管棚施工工法》(见附

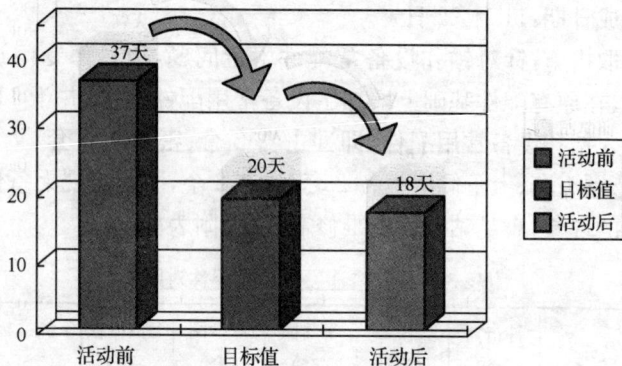

附图 5-3-9　活动前后效果对比图

图 5-3-10)作为以后类似工程的施工指导,目前该工法已批准为公司级工法,正在申报水利部部级工法。

附图 5-3-10　申报的工法

十一、总结及下一步打算

通过小组全体成员的共同努力,本次 QC 活动取得了圆满的成功。在这次活动中,大家积极思考、亲身体验工作中问题的处理方式,深刻地感受到 QC 知识的重要性,更进一步的掌握了 QC 知识以及大断面隧洞管棚技术知识。同时很好地调动了大家的创新能力,进一步加强了效率观念、质量意识以及整体形象。深深地感受到集体力量的伟大、智慧的伟大。最后小组成员进行了自我评价,具体情况见附表和附图 5-3-11。

附表 5-3-12　自我评价表

项目	自我评价	
创新思维能力	活动前 4	活动后 8
创新思维能力	4	8
效率观念	3	9
质量意识	5	8
QC 知识	4	8
长管棚施工经验	2	8

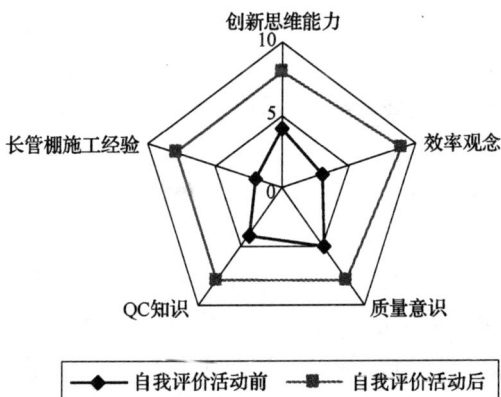

附图 5-3-11　自我评价雷达图

本次我们针对大断面管棚施工开展 QC 活动,较好地保证破碎岩石地段管棚顺利施工,加快了施工进度。QC 小组的下一个活动课题是:"加快高边坡砌石挡墙施工进度"。

对"提高1号洞管棚施工效率"成果的评价

一、总体评价

该成果为攻关型课题,小组立题切合工程实际,活动过程符合 PDCA 程序要求,应用工具多样恰当,对策实施具体有效,活动成果显著,达到了预定的目标。在现状调查、原因分析、主要原因确认、制定对策和对策实施都能用量化具体数字和图表表述,逻辑性较强,条理较清晰,特别是小组在活动中用了箭条图和 PDPC 法等工具,取得了较好的效果,对提高效率的课题具有一定的参考价值。

二、不足之处

(1)对策实施中表达不充分,数据较少,文字说明较多,说服力不够强。

(2)原因分析不够全面,只分析了钻孔一个因素。

(3)用分析论证方法进行要因确认,确认中依据不足。

(4)箭条图分析施工效率时,缺少冗余工时的不合理作业确定依据。

(5)用2号管棚的施工效率做1号管棚的现状有些不合理,两个棚的环境和施工队伍都有所不同,工序条件不同。

(6)对策实施完成后,没有用对策目标作为依据。对实验结果进行检查。

案例四　提高防洪堤灌注桩优良率

一、工程概况

灵昆北段标准堤（二期）工程施工Ⅰ标位于温州市龙湾区瓯江左岸入海口处，主体工程为标准堤、九村水闸、河道。标准堤结构堤型基础为 $\phi800$ 钻孔灌注桩，桩长 39m；水闸、河道基础为 $\phi800$ 钻孔灌注桩，桩长 39m。灌注桩是直接在所设计的桩位上开孔，其截面为圆形，成孔后在孔内加放钢筋笼，灌注混凝土而成。标准堤桩号 K0+000～K0+700.293 之间灌注桩共 1080 根，已完成 160 根。

二、小组简介

小组情况见附表 5-4-1。

附表 5-4-1　QC 小组情况

小组名称		海之韵 QC 小组			
活动课题		提高防洪堤灌注桩优良率			
课题类型		现场型			
小组注册号		ZWQC-2011-02	课题注册号		QCKT-02-01
成立时间		2011 年 2 月 14 日	组员平均受训时间		56h
小组人数		10	活动时间		2011 年 3 月～2012 年 3 月
序号	姓名	性别	分工职务	职称	年龄
1	×××	男	组长	高级工程师	37
2	×××	男	副组长	工程师	39
3	×××	男	组员	高级工程师	46
4	×××	男	组员	工程师	32
5	×××	男	组员	工程师	33
6	×××	男	组员	工程师	32
7	×××	男	组员	工程师	31
8	×××	男	组员	工程师	31
9	×××	女	组员	工程师	35
10	×××	男	组员	工程师	35

制表人：×××　　　　　　　　　　制表日期：2011 年 3 月 15 日

三、选择课题

选题理由见附图 5-4-1。

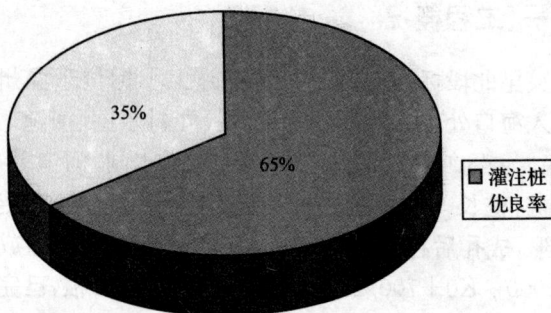

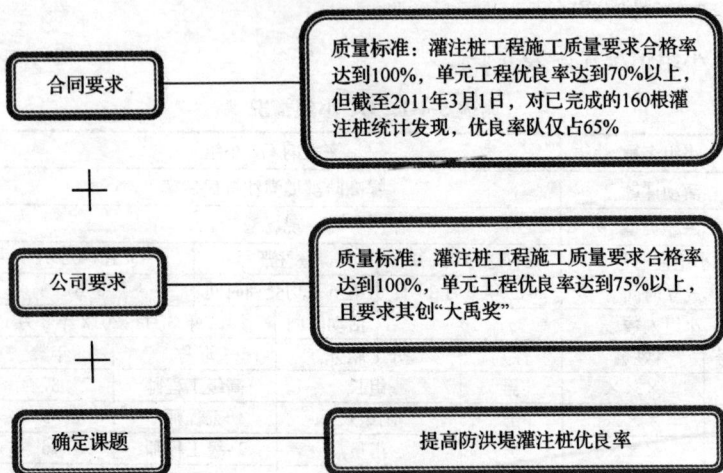

质量标准：灌注桩工程施工质量要求合格率达到100%，单元工程优良率达到70%以上，但截至2011年3月1日，对已完成的160根灌注桩统计发现，优良率队仅占65%

合同要求

＋

公司要求

质量标准：灌注桩工程施工质量要求合格率达到100%，单元工程优良率达到75%以上，且要求其创"大禹奖"

＋

确定课题

提高防洪堤灌注桩优良率

制图人：×××   制图日期：2011 年 3 月 18 日

附图 5-4-1 选题理由

四、现状调查

调查情况见附图 5-4-2～附图 5-4-3、附表 5-4-2。

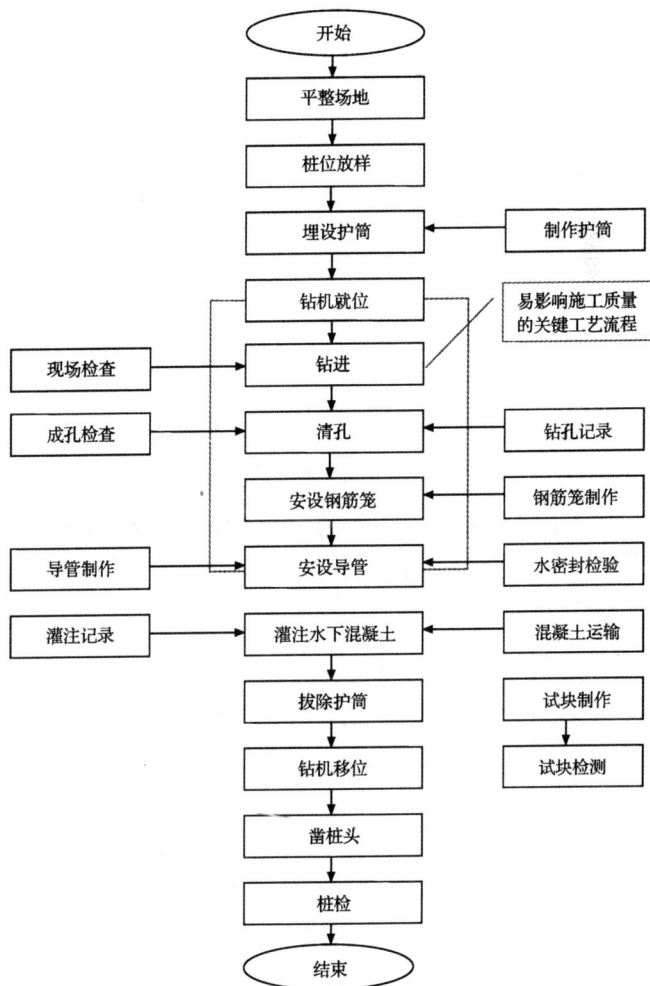

```
                        开始
                         │
                      平整场地
                         │
                      桩位放样
                         │
                      埋设护筒  ◀──────  制作护筒
                         │
         ┌───────────  钻机就位        易影响施工质量
         │               │             的关键工艺流程
   现场检查  ──────▶    钻进
         │               │
   成孔检查  ──────▶    清孔    ◀──────  钻孔记录
         │               │
         │            安设钢筋笼  ◀────  钢筋笼制作
         │               │
   导管制作  ──────▶  安设导管  ◀──────  水密封检验
         │               │
   灌注记录  ──────▶ 灌注水下混凝土 ◀──  混凝土运输
                         │
                      拔除护筒          试块制作
                         │                │
                      钻机移位          试块检测
                         │
                       凿桩头
                         │
                        桩检
                         │
                        结束
```

制图人：×××   制图日期：2011 年 3 月 19 日

附图 5-4-2　混凝土灌注桩施工工艺流程

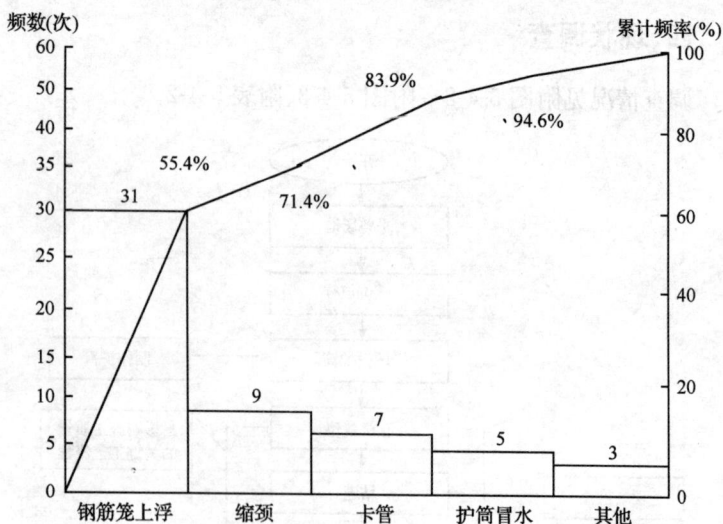

频数(次)   累计频率(%)

制图人:×××　　　　　　　　制图日期:2011 年 3 月 19 日

附图 5-4-3　已完成的 160 根灌注桩出现的施工质量问题排列图

附表 5-4-2　已完成的 160 根灌注桩出现的施工质量问题统计

序号	项目	频数(次)	频率(%)	累计频率(%)
1	钢筋笼上浮	31	55.4	55.4
2	缩颈	9	16.0	71.4
3	卡管	7	12.5	83.9
4	护筒冒水	6	10.7	94.6
5	其他	3	5.4	100.0
6	合计	56	100.0	

制表人:×××　　　　　　　　制表日期:2011 年 3 月 19 日

　　由以上图表可知:桩号 K0＋000～K0＋700.293 之间已完成的 160 根灌注桩出现的施工质量问题中钢筋笼上浮占 55.4％,为所选课题的症结。

五、设定目标

小组成员通过现状调查，摸清问题现状后，在一起进行了讨论测算，认为凭借集团公司雄厚的技术力量和先进的施工设备解决症结的90%是没问题的，并按此进行估算：$65\% + 35\% \times 54.4\% \times 90\% = 80\%$

因此，小组设定目标值为灌注桩优良率由原来的65%提升至80%（见附图5-4-4）。

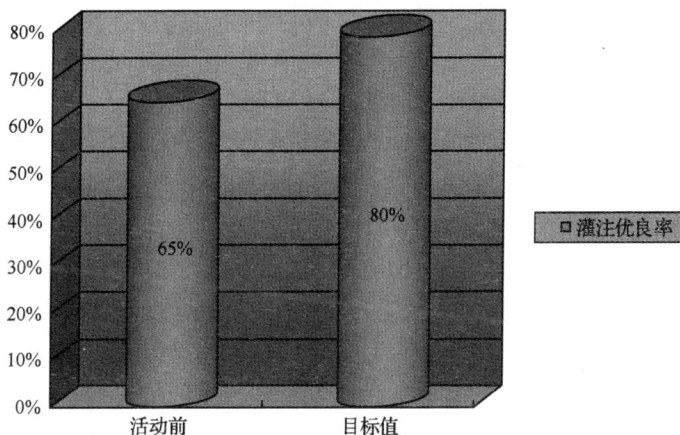

制图人：×××   制图日期：2011年3月20日
附图5-4-4 QC活动前灌注桩优良率与设定的目标值对比柱形图

六、分析原因

QC小组成员通过头脑风暴法，对造成钢筋笼上浮的原因进行了分析，并绘成因果图，见附图5-4-5。

七、确定主要原因

通过因果图我们共找出11个末端原因，小组成员针对这11个

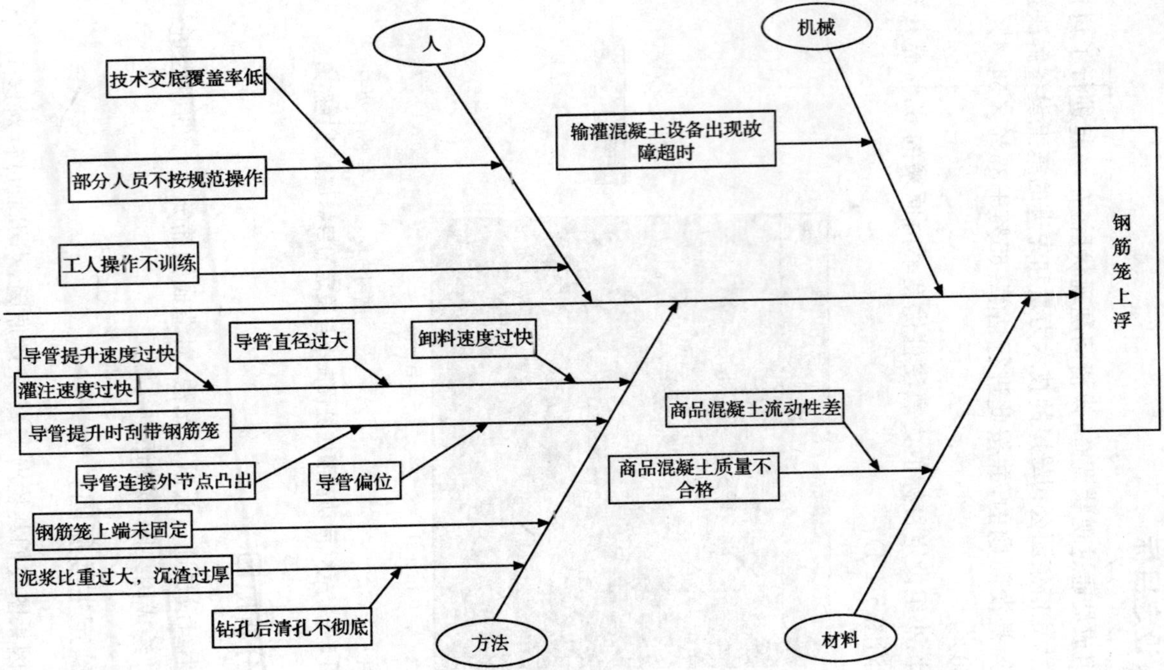

附图 5-4-5 因果图

钢筋笼上浮

机械

人

材料

方法

输灌混凝土设备出现故障超时

商品混凝土流动性差

商品混凝土质量不合格

技术交底覆盖率低

部分人员不按规范操作

工人操作不训练

导管直径过大

卸料速度过快

导管提升速度过快

灌注速度过快

导管提升时刮带钢筋笼

导管连接外节凸出

导管偏位

钢筋笼上端未固定

泥浆比重过大、沉渣过厚

钻孔后清孔不彻底

制图人：×××

制图日期：2011 年 3 月 21 日

242

末端原因进行逐条确认、识别,最终确定出主要原因(见附表 5-4-3)。

附表 5-4-3　主要原因确认计划

序号	末端原因	确认方法	标准	负责人	完成日期(年.月.日)
1	技术交底覆盖率低	现场调查	根据《灌注桩专项施工方案》,技术交底覆盖率100%	×××	2011.03.23
2	工人操作不熟练	现场测评	根据《灌注桩专项施工方案》,操作失误率<3%,或每方混凝土浇筑时间>4min	×××	2011.03.23
3	输灌混凝土设备出现故障超时	现场调查现场测量	根据《灌注桩专项施工方案》,输灌混凝土设备出现故障,停机不得超过30min	×××	2011.03.31
4	导管提升速度过快	现场调查现场测量	根据《灌注桩专项施工方案》,导管提升速度一般控制2m/s以内	×××	2011.03.26
5	导管直径过大	现场测量	根据《灌注桩专项施工方案》,导管一般直径控制在25～30cm	×××	2011.03.27
6	卸料速度快	现场调查	根据《灌注桩专项施工方案》,混凝土卸料速度一般控制在15m³/h以内	×××	2011.03.28
7	钻孔后清孔不彻底	现场实测	根据《灌注桩专项施工方案》,清孔后泥浆比重1.15～1.20;孔底沉渣厚度≤100mm	×××	2011.03.29
8	钢筋笼上端未固定	现场调查	根据《灌注桩专项施工方案》,钢筋笼下到设计位置后,钢筋笼上端固定率100%	×××	2011.03.30

序号	末端原因	确认方法	标准	负责人	完成日期 (年.月.日)
9	商混凝土流动性差	现场试验	根据《灌注桩专项施工方案》,混凝土坍落度控制在18～22cm范围内	×××	2011.03.30
10	导管连接处节点凸出	现场调查	根据《灌注桩专项施工方案》,导管连接方式不得刮带钢筋笼	×××	2011.03.31
11	导管偏位	现场查证	根据《灌注桩专项施工方案》要求,导管偏位:偏离桩心≤2cm,倾斜率<0.3%	×××	2011.03.31

制表人:×××　　　　　　　　　　　　　制表时间:2011年3月23日

1. 确认一:技术交底覆盖率低

标准:根据《灌注桩专项施工方案》,技术交底覆盖率100%。

现场调查:查项目部生产人员花名册和技术交底文件,相关生产操作人员36人,项目开工前,项目技术负责人叶文豪组织进行全员技术交底,交底覆盖率100%,项目开工后,未新增生产操作人员(见附表5-4-4、附图5-4-6～附图5-4-7)。

附表5-4-4　技术交底覆盖率统计

类别	开工前	开工后
技术交底人数	36	36

制表人:×××　　　　　　　　　　　　　制表日期:2011年3月23日

结论:非主要原因。

2. 确认二:工人操作不熟练

标准:根据《灌注桩专项施工方案》,操作失误率<3%,或每方混凝土浇筑时间>4min。

附图 5-4-6 技术交底现场

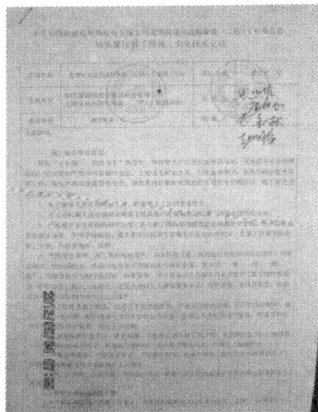

附图 5-4-7 技术交底文件

现场调查:针对项目部工龄小于 3 年的生产操作人员(共 4 名),进行操作正确性和每方混凝土浇筑时间现场实操测验,测试结果全部合格,见附表 5-4-5、附图 5-4-8。

附表 5-4-5　工人操作合格情况

序号	姓名	性别	工种	工龄(年)	测试结果		合格情况
					操作失误率(测 100 次操作动作)	每方混凝土浇筑时间	
1	×××	男	混凝土作业工	2	1%	3min13s	合格
2	×××	男	混凝土作业工	2	2%	2min8s	合格
3	×××	男	混凝土作业工	1	2%	2min21s	合格
4	×××	男	混凝土作业工	1.5	1%	2min26s	合格

制表人:×××　　　　　　　　　　　制表日期:2011 年 3 月 22 日

结论:非主要原因。

3. 确认三:输灌混凝土设备出现故障超时

标准:根据《灌注桩专项施工方案》,设备出现故障,停机时间不

附图 5-4-8　工人现场实操测验

得超过 30min。

现场调查:混凝土在灌注的过程中,若输灌混凝土设备出现故障,会造成一根桩的灌注总时间过长或间歇时间延长,那么已灌注的混凝土表面会形成硬壳,造成钢筋笼上浮。我们于 2011 年 3 月 23~31 日对现场输灌混凝土设备是否出现故障进行了为期 9 天的现场跟踪调查,期间发生过一次单台输灌混凝土设备出现故障,因现场指挥不当,停机时间超过 30min(见附图 5-4-9)。

结论:主要原因。

4. 确认四:导管提升速度过快

标准:根据《灌注桩专项施工方案》,导管提升速度≤2m/s。

现场调查:QC 小组成员随机抽取已完成 160 根灌注桩中的 12 根,对其在施工过程中导管的提升速度进行了现场调查,发现其中导管提升速度>2m/s 的有 3 根,见附表 5-4-6。

附图 5-4-9 现场输灌混凝土设备

附表 5-4-6 导管提升速度对钢筋笼上浮影响状况统计

灌注桩编号	Z_1	Z_9	Z_{14}	Z_{19}	Z_{25}	Z_{36}	Z_{26}	Z_{28}	Z_{32}	Z_{35}	Z_{37}	Z_{40}
提升速度（m/s）	2.0	1.5	1	2.0	1	1.5	2.5	3	1.5	2.0	1	2.9
钢筋笼上浮	否	否	否	否	否	否	是	是	否	否	否	是

制表人：×××　　　　　　　　　制表日期：2011 年 3 月 26 日

由附表 5-4-6 可以看出，导管提升速度＞2m/s 的 3 根灌注桩，均出现钢筋笼上浮情况；导管提升速度≤2m/s 的 9 根灌注桩，均未出现钢筋笼上浮情况。

结论：主要原因。

5. 确认五：导管直径过大

标准：根据《灌注桩专项施工方案》，导管直径一般控制在 200～300mm。

现场调查：QC 小组成员于 2011 年 3 月 27 日对施工现场的 8 台钻机的导管直径进行测量，发现导管直径共有 3 种规格，分别为 $\phi200$、$\phi250$ 和 $\phi300$。我们通过调取施工记录，对导管直径影响钢筋笼上浮情况作了部分统计，见附表 5-4-7。

附表 5-4-7　导管直径影响钢筋笼上浮情况统计

灌注桩编号	Z_{64}	Z_{72}	Z_{80}	Z_{88}	Z_{96}	Z_{104}	Z_{112}	Z_{120}
导管编号	D_1	D_2	D_3	D_4	D_5	D_6	D_7	D_8
导管直径（mm）	200	200	300	250	300	250	300	200
钢筋笼上浮	否	否	是	是	是	否	是	否

制表人：×××　　　　　　　　　　　　制表日期：2011 年 3 月 27 日

由附表 5-4-7 可以看出，在抽取的 8 根桩中，出现钢筋笼上浮 4 次。

结论：主要原因。

6. 确认六：卸料速度过快

标准：根据《灌注桩专项施工方案》，混凝土卸料速度一般控制在 15m³/h 以内。

现场调查：QC 小组成员随机抽取已完成 160 根灌注桩中的 10 根，对其在施工过程中的浇筑时间进行了统计并按此计算出卸料速度，见附表 5-4-8。

附表 5-4-8　卸料速度对钢筋笼上浮影响状况统计

灌注桩编号	Z_3	Z_{11}	Z_{36}	Z_{52}	Z_{56}	Z_{67}	Z_{71}	Z_{115}	Z_{126}	Z_{157}
桩深（m）	39	39	39	39	39	39	39	39	39	39
混凝土浇筑方量（m³）	20.6	20.6	20.6	20.6	20.6	20.6	20.6	20.6	20.6	20.6
浇筑时间（h）	1.64	1.58	1.52	1.47	1.42	1.37	1.42	1.52	1.58	1.32
浇筑速度（m³/h）	12.5	13.0	13.5	14.0	14.5	15.0	14.5	13.5	13.0	15.6
钢筋笼上浮	否	否	否	否	否	否	否	否	否	是

注：计算依据：桩径 80cm，单位桩长混凝土方量为 0.5024m³/m。卸料速度与浇筑速度相同。

制表人：×××　　　　　　　　　　　　制表日期：2011 年 3 月 28 日

由附表 5-4-8 可知,在随机抽取的 10 根灌注桩中,卸料速度≤ 15m³/h 有 9 根,均未出现钢筋笼上浮;卸料速度＞15m³/h 有 1 根, 出现了钢筋笼上浮。

结论:主要原因。

7. 确认七:钻孔后清孔不彻底

标准:根据《灌注桩专项施工方案》,泥浆比重控制在 1.15～ 1.20,沉渣厚度控制在 100mm。

现场调查:QC 小组成员为了解钻孔后清孔是否彻底进行了现场调查。调查发现,项目部人员能严格按照《灌注桩专项施工方案》对第一次清孔不合要求灌注桩进行二次清孔。专项施工方案控制清孔效果的措施:在钻进到设计标高后,利用钻机进行迅速彻底清孔,为避免泥浆、钻渣沉淀增多,停歇时间极短,具体方法是在泥浆池中加入清水,进行一次清孔,观测孔口返上的泥浆比重是否为 1.15～1.20,孔底沉渣厚度是否小于 100mm,若满足要求,及时提钻且下入预制好的钢筋笼和导管;当泥浆比重较大时,可向孔内注入一定高压水,稀释浆液,将泥浆比重控制在 1.15～1.20 之间,若沉渣厚度超标,可用导管中附属的风管再次清孔,直至沉渣厚度小于 100mm。

项目部通过采用以上专项方案,之前已完成的 160 根灌注桩在清孔这一环节均控制很好,未出现不合要求现象。QC 小组成员随机抽取了 6 根桩的清孔施工记录进行了统计,结果见附表 5-4-9。

附表 5-4-9　钻孔后清孔状况统计

泥浆比重及沉渣厚度	灌注桩编号	Z_{33}	Z_{67}	Z_{85}	Z_{111}	Z_{123}	Z_{153}
一次清孔	泥浆比重	1.16	1.17	1.16	1.17	1.31	1.18
	沉渣厚度(mm)	65	113	78	81	51	119
二次清孔	泥浆比重	1.16	1.17	1.15	1.15	1.16	1.16
	沉渣厚度(mm)	50	73	60	55	45	26

制表人:×××　　　　　　　　　　　　制表日期:2011 年 3 月 29 日

结论:非主要原因。

8. 确认八:钢筋笼上端未固定

标准:根据《灌注桩专项施工方案》,钢筋笼下到设计位置后,钢筋笼上端固定率100%。

现场调查:如果对钢筋笼上端做了固定处理,可以承受部分顶托力,具有防止其上升的作用。我们于2011年3月30日对钢筋笼上端是否做了固定处理进行了现场调查,调查发现,施工班组对钢筋笼上端采取了严格的固定措施,见附表5-4-10、附图5-4-10。

附表 5-4-10　钢筋笼上端固定情况统计

灌注桩编号	$Z_1 \sim Z_{40}$	$Z_{41} \sim Z_{80}$	$Z_{81} \sim Z_{120}$	$Z_{121} \sim Z_{160}$
钢筋笼上端是否固定	是	是	是	是

制表人:×××　　　　　　　　　　　　制表日期:2011年3月30日

附图 5-4-10　工人对钢筋笼上端进行固定

结论:非主要原因。

9. 确认九:商品混凝土流动性差

标准:根据《灌注桩专项施工方案》要求,混凝土坍落度控制在

18～22cm 范围内。

现场调查：由于流动性差的混凝土容易析水，与钢筋笼摩擦系数增大，钢筋笼会随着混凝土面的上升而上浮，我们于 2011 年 3 月 24 日对运至现场商品混凝土的塌落度进行现场试验，结果发现混凝土塌落度均在 18～22cm 之间，流动性符合要求（见附图 5-4-11）。

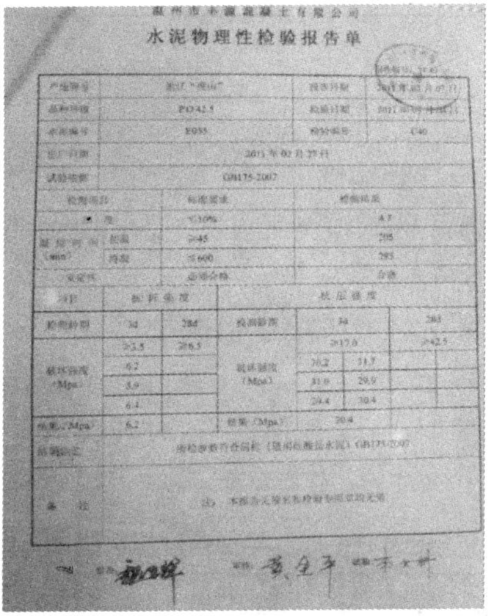

附图 5-4-11　商品混凝土物理性检验报告单

结论：非主要原因。

10. 确认十：导管连接处节点凸出

标准：根据《灌注桩专项施工方案》要求，导管连接方式不得刮带钢筋笼。

现场调查：小组成员通过到现场进行验证，发现 8 台钻机所有导管均采用法兰连接，施工过程中出现与钢筋笼刮带的情况，见附表 5-4-11。

附表 5-4-11　各钻机导管连接方式统计

钻机编号	ZJ_1	ZJ_2	ZJ_3	ZJ_4	ZJ_5	ZJ_6	ZJ_7	ZJ_8
导管连接方式	法兰连接	法兰连接	法兰连接	法兰连接	法兰连接	法兰连接	法兰连接	法兰连接
是否刮带钢筋笼	是	是	否	否	是	否	否	否

制表人:×××　　　　　　　　　　制表日期:2011 年 3 月 31 日

结论:主要原因。

10. 确认十一:导管偏位

标准:根据《灌注桩专项施工方案》要求,导管偏位:偏离桩心≤2cm,倾斜率<0.3%。

现场调查和现场测量:QC 小组成员通过对导管下放过程的施工记录进行现场调查发现,在导管下放过程中导管偏位和倾斜率均符合要求。随机抽取了 12 根灌注桩,对其在施工过程中的偏离桩心和倾斜率进行了统计,见附表 5-4-12。

附表 5-4-12　导管偏位情况统计

灌注桩编号	Z_7	Z_{19}	Z_{35}	Z_{78}	Z_{86}	Z_{93}	Z_{97}	Z_{118}	Z_{143}	Z_{152}
偏离桩心(cm)	1.0	1.5	0	1.1	0.5	1.4	1.2	2.0	1.8	1.4
倾斜率(%)	0.2	0.1	0.3	0.2	0.2	0.1	0.1	0.2	0.2	0.1

制表人:×××　　　　　　　　　　制表日期:2011 年 3 月 31 日

结论:非主要原因。

八、制定对策

对策情况见附表 5-4-13。

序号	要因	对策	目标	措施	负责人	完成日期 (年.月.日)
1	输灌混凝土设备出现故障超时	组织抢修或更换配件	输灌混凝土设备出现故障,停机不得超过30min	制定PDPC预案	×××	2012.03.10
2	导管连接处节点凸出	改变导管连接方式	改变后的连接方式不会刮带钢筋笼	用螺纹式接口导管替代	×××	2011.04.7
3	导管提升速度过快	找到三者的最佳组合	钢筋笼上浮≤2%	采用正交试验法	×××	2011.04.14
4	导管直径过大					
5	卸料速度过快					

制表人:×××　　　　　　　　　　　　制表日期:2011 年 4 月 2 日

九、对策实施

1. 对策实施一:输灌混凝土设备出现故障,停机不得超过 30min

(1)输灌混凝土设备突然停机。

(2)制定 PDPC 预案(见附图 5-4-12、附表 5-4-14)。

附表 5-4-14　PDPC 预案确定表

第一方案	A_0	A_1	A_2	A_3	Z	—	—
第二方案	A_0	A_1	B_1	B_2	Z	—	—
第三方案	A_0	A_1	A_2	C_1	C_2	A_3	Z
第四方案	A_0	A_1	A_2	C_1	D_1	B_2	Z

制图人:×××　　　　　　　　　　　　制表日期:2011 年 4 月 3 日

初始状态A。
理想目的Z

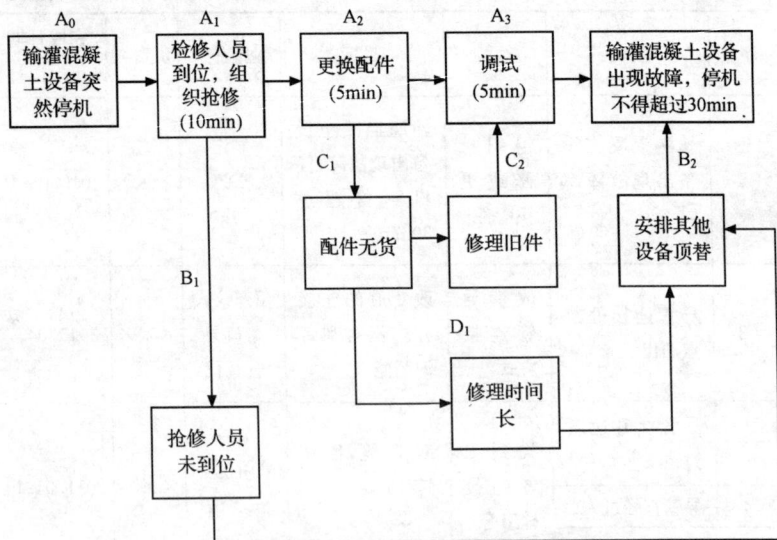

制图人：×××　　　　　　　　　　　　　制表日期：2011 年 4 月 3 日

附图 5-4-12　保证输灌混凝土设备停机时间不超过 30min 的 PDPC 预案

（3）按照 PDPC 预案做必须的物资准备。

1）抢修人员准备。在施工现场搭建混凝土设备抢修值班室，并安排 4 名抢修人员 24 小时轮流值班，具体情况见附表 5-4-15。

附表 5-4-15　输灌混凝土设备抢修值班表

序号	抢修员	值班区间	值班地点	联系电话
1	×××	00：00－06：00	设备抢修值班室	137＊＊＊＊＊256
2	×××	06：00－12：00	设备抢修值班室	138＊＊＊＊＊742
3	×××	12：00－18：00	设备抢修值班室	138＊＊＊＊＊143
4	×××	18：00－24：00	设备抢修值班室	186＊＊＊＊＊162

制表人：×××　　　　　　　　　　　　　制表日期：2011 年 4 月 3 日

2）易损备件准备。在设备抢修值班室 50m 范围内搭建易损备件仓库，对输灌混凝土设备的易损备件进行详细统计，共有 8 种，配

254

备 1 名设备管理人员对易损备件进行保养与监管(见附表 5-4-16)。

附表 5-4-16 易损备件清单

易损备件	规格型号	备件管理员	备注
电动机	35kW/22kW/ 7.5kW/2.2kW	当班人员	
混凝土输送泵配件	HBTS80-16-110	当班人员	卡扣、密封圈、弯头、 液压油、皮带及相关 螺帽垫圈
卷扬机相关配件	30kN/20kN	当班人员	
钢丝绳	20mm/16mm	当班人员	
桩机变速箱易损件	4 速	当班人员	
桩机离合器片	—	当班人员	
桩机刹车片	—	当班人员	
导管连接件及其密封圈	20mm/25mm/30mm	当班人员	

制表人:×××　　　　　　　　　　制表日期:2011 年 4 月 3 日

3)确定现场指挥人员。由当班生产经理和商品混凝土公司接头,担任现场指挥。当紧急情况发生时,启动预案,指挥抢修。

(4)对策一效果检查。在其后 920 根桩的施工中,输灌混凝土设备共出现 18 次故障,现场指挥员按照 PDPC 预案,共启动 18 次预案,均把维修工时控制在 30min 以内,见附表 5-4-17。

附表 5-4-17 18 根灌注桩预案用时统计

桩编号	预案	耗时(min)	抢修员	是否超过 30min
Z_{171}	第一方案	19	×××	否
Z_{182}	第一方案	30	×××	否
Z_{235}	第一方案	24	×××	否
Z_{278}	第一方案	21	×××	否
Z_{297}	第一方案	18	×××	否
Z_{313}	第一方案	22	×××	否

桩编号	预案	耗时(min)	抢修员	是否超过 30min
Z_{356}	第一方案	28	×××	否
Z_{412}	第一方案	23	×××	否
Z_{425}	第一方案	25	×××	否
Z_{467}	第一方案	26	×××	否
Z_{579}	第一方案	21	×××	否
Z_{623}	第一方案	19	×××	否
Z_{670}	第三方案	21	×××	否
Z_{735}	第四方案	27	×××	否
Z_{789}	第一方案	19	×××	否
Z_{981}	第一方案	26	×××	否
Z_{1012}	第一方案	20	×××	否
Z_{1018}	第一方案	19	×××	否

制表人:×××   制表日期:2012 年 3 月 10 日

2. 对策实施二:改变导管连接方式

我们于 2011 年 4 月 5～7 日对 ZJ_1～ ZJ_8 号钻机上使用的 48 个法兰导管全部更换为螺纹式接口导管,详见附图 5-4-13、附表5-4-18。

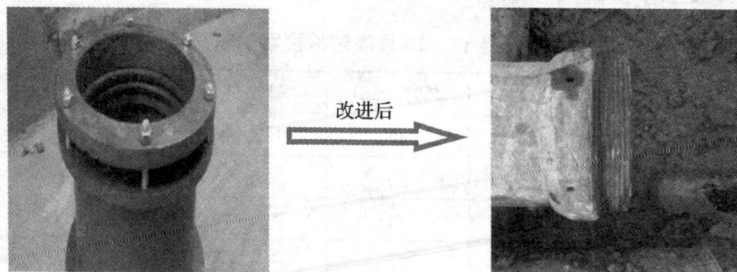

改进后

附图 5-4-13　导管连接方式前后对比图

钻机编号	ZJ$_1$	ZJ$_2$	ZJ$_3$	ZJ$_4$	ZJ$_5$	ZJ$_6$	ZJ$_7$	ZJ$_8$
导管连接方式	螺纹式连接	螺纹式连接	螺纹式连接	螺纹式连接	螺纹式连接	螺纹式连接	螺纹式连接	螺纹式连接
是否刮带钢筋笼	否	否	否	否	否	否	否	否

制表人:×××　　　　　　　　　　制表日期:2012 年 3 月 10 日

3. 对策实施三:QC 小组成员对造成钢筋笼上浮的有关三个原因的过程参数使用正交实验的方法进行选择。

(1)确定因素水平表,见附表 5-4-19。

附表 5-4-19　因素水平表

水平	试验因素		
	导管提升速度(m/s)A	导管直径(cm)B	卸料速度(m³/h)C
1	1.0	20	13
2	1.5	25	14
3	2.0	30	15

制表人:×××　　　　　　　　　　制表日期:2011 年 4 月 7 日

(2)确定试验目的:减少钢筋笼上浮次数。

(3)确定考核目标:钢筋笼上浮次数。

(4)选择正交表:L9(3⁴)。

(5)安排正交试验方案,见附表 5-4-20。

(6)做趋势分析图,见附图 5-4-14。

由附图 5-4-14 我们可看出当导管提升速度为 1.5m/s、导管直径为 200mm 和卸料速度为 13m³/h 时,钢筋笼上浮次数最少。

附表 5-4-20　正交试验方案及试验结果

因素 列号 试验号	A 1	B 2	C 3	钢筋笼上浮 （次）
1	1(1.0)	1(200)	3(15)	4
★2	2(1.5)	1	1(13)	1
3	3(2.0)	1	2(14)	6
4	1	2(250)	2	8
5	2	2	3	5
6	3	2	1	3
7	1	3(300)	1	5
8	2	3	2	7
9	3	3	3	14
水平 1 之和（次）	17	11	9	
水平 2 之和（次）	13	16	21	Σ＝53
水平 3 之和（次）	23	26	23	
极差分析	10	15	14	

制表人：×××　　　　　　　　　　　　制表日期：2011 年 4 月 14 日

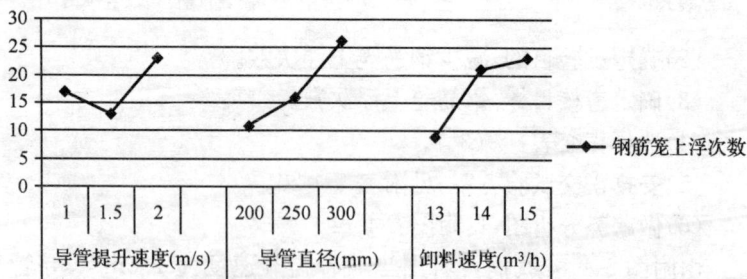

1	1.5	2	200	250	300	13	14	15

导管提升速度(m/s)　　　导管直径(mm)　　　卸料速度(m³/h)

◆ 钢筋笼上浮次数

制图人：×××　　　　　　　　　　　　制图日期：2011 年 4 月 14 日

附图 5-4-14　试验因素影响度趋势图

(7)确定最佳参数。通过以上比较,我们确定最佳参数组合为 A2B1C1,即当导管提升速度为 1.5m/s、导管直径为 200mm 和卸料速度为 13m³/h 时,钢筋笼上浮次数最少。

(8)对策三效果检查。在接下来 920 根灌注桩的施工过程中,钢筋笼未上浮 905 次、上浮 15 次,两者对比情况见附图 5-4-15。

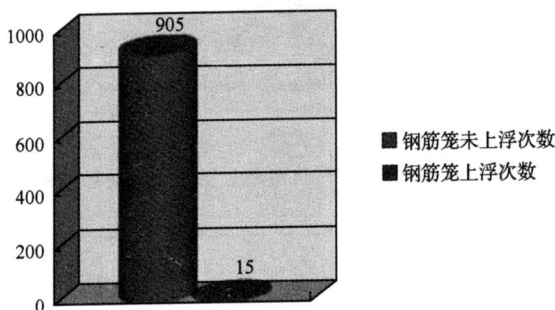

制图人:×××　　　　　制图日期:2012 年 4 月 14 日

附图 5-4-15　钢筋笼未上浮次数与上浮次数对比图

十、效果检查

1. 目标检查

2012 年 3 月 12 日我们对桩号 K0＋000～K0＋700.293 之间剩余的 920 根灌注桩进行了全数检查,合格率达到 100％,优良率达 85％,有施工质量问题的桩有 138 根。灌注桩活动前优良率、优良率目标值及活动后优良率之间对比情况见附图 5-4-16。

2. 效益检查

由于本次活动大大提高了防洪堤灌注桩优良率,减少了钢筋笼上浮次数,经统计,2011 年 4 月～2012 年 3 月约减少钢筋笼上浮 163 次,平均每次节省约 1.1 万元,合计约 179 万元。另外,扭转了不良影响,为整体工程评优创下了良好基础,为本公司在该领域、该地区创造了良好的社会效益(见附图 5-4-17)。

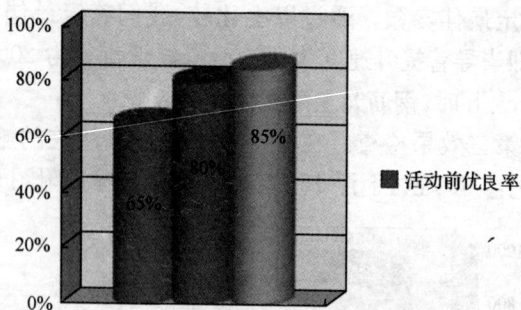

附图 5-4-16　活动前优良率、优良率目标值和活动后优良率对比图

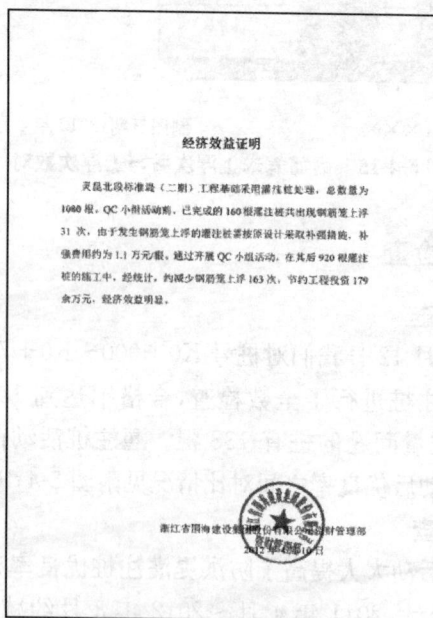

附图 5-4-17　经济效益证明

十一、制定巩固措施

通过本次 QC 小组活动,我们对灌注桩的施工工艺,特别是如何控制钢筋笼上浮进行了整理和汇总。为切实提高灌注桩优良率,我们将导管提升速度、导管直径及卸料速度的最佳组合纳入企业工法,编号为 Q/WHGZZ01-2012;将螺纹式导管连接纳入企业标准,编号为 Q/WHGZZ02-2012;将输灌混凝土设备出现故障过程决策程序图纳入企业现场管理规范,编号为 GZZ/WH-2012 Q/WHG-ZZ03-2012(见附图 5-4-18～附图 5-4-20)。

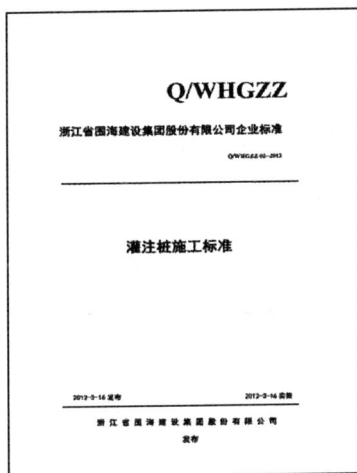

附图 5-4-18　灌注桩施工工法

十二、总结及今后打算

1. 总结

通过本次 QC 小组活动,大家提高了质量控制意识,增强了团队合作能力及凝聚力,在体验专业知识探索乐趣的同时提高了自身专业水平。QC 活动前后组员意识、能力、知识对比见附表 5-4-21、附图 5-4-21。

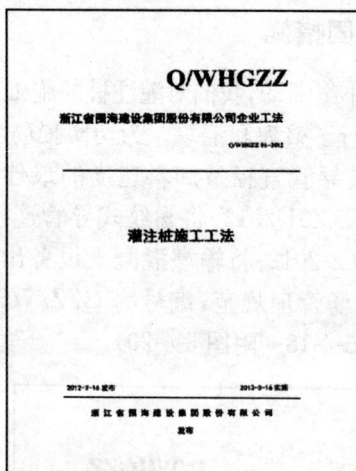

附图 5-4-19 灌注桩施工标准

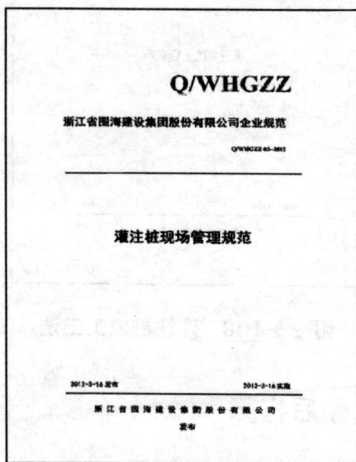

附图 5-4-20 灌注桩现场管理规范

附表 5-4-21　QC 小组活动前后对比情况

序号	项目	活动前(分)	活动后(分)
1	质量意识	65	85
2	解决问题能力	70	90
3	团队精神	75	90
4	个人能力	70	85
5	控制钢筋笼上浮能力	60	85
6	QC 知识	65	85

制表人:×××　　　　　　　　　　　制表时间:2012 年 3 月 15 日

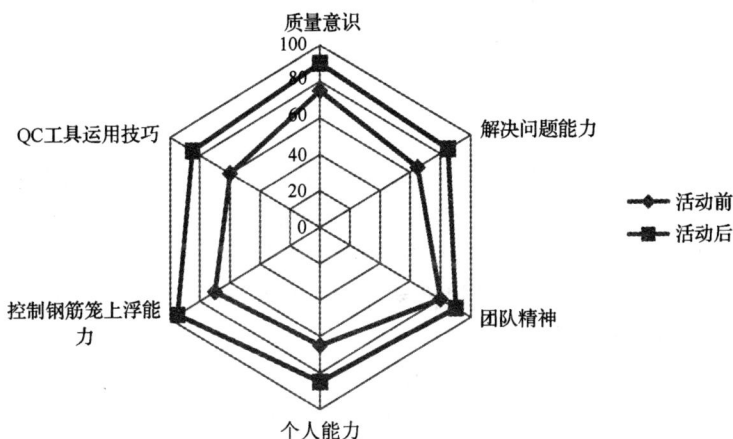

制图人:×××　　　　　　　　　　　制图时间:2012 年 3 月 15 日

附图 5-4-21　自我评价雷达图

2. 今后打算

通过本次 QC 活动,小组每位成员的能力、质量意识及专业知识都得到了长足提升,因此大家备受鼓舞,信心十足。QC 小组的下一个课题是"降低灌注桩缩颈发生率"。

对"提高防洪堤灌注桩优良率"成果的评价

一、综合评价

该成果为现场型,小组能针对现场急需解决的问题进行工作,其活动过程符合要求,对策目标具体,成果资料图文并茂,逻辑性较强,条理较清晰,能客观反映活动的内容,简洁明快,通俗易懂。通过 QC 小组全休成员的努力,提高了防洪堤灌注桩优良率,完成了目标值,取得了很好的经济和社会效益。活动程序较完整。

二、不足之处

(1)课题是"提高防洪堤灌注桩优良率",课题偏大。成果主要内容是解决钢筋笼上浮问题,它只是课题的一部分。

(2)现状调查没有为确定目标提供依据。

(3)钢筋笼上浮不是优良率的评价项目,把钢筋笼上浮作为优良率的症结有些牵强。

(4)主要原因和对策的对应性不够。

(5)目标检查柱型图中未标清活动后优良率。

(6)夸大效益,效益检查中节约 179 万元,未减去小组活动费用。

(7)未对标准化执行情况进行跟踪。